한국인들이 가장 많이 저지르는 실수와 탈출 비법

COMMON MISTAKES

이호상 지음

종이와
나무

책을 처음으로 써보면서 깨달은 것은

글 쓰는 일은 혼자 할 수 있는 모험은 아니라는 것이다.

많은 분께 의지했고 그 분들의 친절함을 통해 《커먼 미스테익스》가 완성되었다.

아래에 이 분들의 이름을 밝혀 감사의 말을 대신한다.

한국 단어들의 뉘앙스를 구별해주신 학원 동료 박수경과 정유정.

성실한 자세로 통찰력과 조심성을 다해서 편집해준

문임여, 이호철, 최주혁, Alisa Simonds, David Thorpe.

분석하며 읽는 방법과 글을 간결 명료하게 쓰는 방식을 가르쳐주신 Ari Levine 교수님.

미국에서 성장할 수 있는 기회를 주시고

미국 사람이지만 한국어를 사용할 수 있게 가르쳐주신 부모님.

책을 시작하며

저는 재미교포 영어 강사입니다. 서울에서 태어났지만 네 살 때 미국으로 이민을 갔습니다. 자라는 동안 집에서는 한국말을 사용했고, 중학교를 졸업할 때까지 주말마다 한국학교에 다녔으며, 대학교에서도 계속 한국어 공부를 했습니다. 저의 한국어 실력은 한국인 수준은 아니지만, 한국인들이 한국어로 그들의 생각을 표현하는 방식을 이해할 수 있을 정도는 됩니다. 한국어에 대해 궁금한 것이 있을 경우에는 한국학교 선생님들과 영어 학습에서 높은 성취를 이룬 학생들의 도움을 받았습니다.

지난 8년 동안 여러 나라에서 영어 강사 일을 하면서, 수백 명의 한국 학생들을 가르쳤습니다. 그들의 공통점은 모두 다 비슷한 영어 실수를 한다는 것입니다. 어떤 때는 단어 하나가 문제이고 또 어떤 때는 문장 구성이 어색합니다. 학생들을 도와주고 싶은 마음으로, 한국 학생들이 자주 하는 실수의 목록을 작성하기 시작했습니다. 그 목록의 결과가 바로 이 책《커먼 미스테익스》의 목차가 되었습니다.《커먼 미스테익스》는 다음과 같이 여섯 편으로 나뉘어 있습니다.

1. 〈원어민이 이해 못하는 콩글리시〉 편은 영어와 콩글리시를 구분할 수 있도록 도와줍니다. 콩글리시는 크게 두 가지 형태입니다. 영어가 아닌 콩글리시와 한국어를 그대로 직역한 콩글리시. 이 편에서는 이 두 가지의 콩글리시를 다룹니다.

2. 〈잘못 이해하고 있는 어휘〉 편은 제대로 이해되지 못하는 단어나 표현을 명료하게 고쳐줍니다. 이 편에 있는 단어들은 어렵지는 않지만 흔히 잘못 이해되고 쓰이는 것들입니다.

3. 〈자주 틀리거나 설명이 필요한 어법〉 편에는 비슷하게 보이거나 들리기 때문에 혼동하기 쉬운 단어들이 수록되어 있습니다. 이 편은 책에서 가장 큰 비중을 차지합니다. 한국 사람들이 실수를 자주 하는 이유는 비슷하게 들리는 단어들을 제대로 구분하지 못하기 때문입니다. 이 편은 한국 사람들이 항상 헷갈려하는 부분을 명확하게 정리해줍니다.

4. 〈어색한 표현과 어휘〉 편에서는 미국 사람이 들을 때 어색한 표현들을 다룹니다. 여기서 다루는 문제들은 틀린 것은 아니지만 꼭 맞다고 할 수도 없는 것들입니다. 어느 영어 원어민이든지 뜻은 다 이해하겠지만, 본인들만의 방식으로 머릿속에서 수정하는 과정을 거쳐야 하는 표현들입니다.

5. 〈자주 틀리거나 설명이 더 필요한 문법〉 편에서는 자주 틀리는 영어와 이를 바로잡기 위한 문법을 다룹니다. 문법 오류는 대부분 잘못 알고 있어서 생기는 것으로, 이 편에 있는 오류들은 한국 사람들에게는 너무 자연스러워서 맞는 것처럼 들리는 것들입니다.

6. 〈원어민 강사의 제안〉 편에서는 더 간단하고 구어적인 표현을 제안합니다. 이 편은 한국 사람들이 영어 원어민 같이 자연스럽게 말할 수 있는 안내자 역할을 할 것입니다.

모쪼록 이 책을 통해 독자들이 영어에 좀 더 친숙해지고, 자신감을 갖고 원어민과 유창하게 소통할 수 있게 되기를 기원합니다.

2017년 3월
지은이 이호상

Contents

Chapter   **4**   어색한 표현과 어휘   149

Chapter   **5**   자주 틀리거나 설명이 더 필요한 문법   155

원어민이
이해
못하는
콩글리시

한국 사람들이 흔히 사용하는 표현들 중에는 정작 원어민들이 이해하지 못하거나 전혀 다른 뜻으로 이해하는 표현들이 적지 않다. 그 중에 가장 대표적인 60가지 표현들을 원어민들은 어떻게 표현하는지 알아보자.

1 After service

한국에서는 A/S로 줄여 쓰는 경우가 많다. 정확한 표현은 after-sales service이지만 일반 사람에게는 익숙하지 않은 비즈니스 영어이다. 일반적으로는 warranty라는 표현을 사용한다. 제일 간단하게 할 수 있는 말은 get it fixed이다.

A: I accidentally broke your phone screen.

B: Don't worry. It's **covered under my warranty.**

B: Don't worry. I'll **get it fixed.**

A: 내가 실수로 네 전화 액정을 깨뜨렸어.

B: 걱정 마. 보증(A/S) 받으면 돼.

B: 걱정 마. 보증(A/S) 받으면 돼.

2 After 10 minutes

지금 시각이 8시라고 해보자. after 10 minutes는 8시 10분 이후의 언젠가를 의미한다. 말하는 사람과 듣는 사람 둘 다 8시 10분 이후의 정확히 언제를 의미하는지는 모른다. within 10 minutes는 8시에서 8시 10분 사이를 말하고, in 10 minutes는 8시 10분을 의미한다.

다시 한 번 8시라고 가정하고 다음 표현들의 정확한 의미를 살펴보자.

I will arrive **after ten minutes.**

8시 10분 이후에 도착해.

I will arrive **within ten minutes.**

8시에서 8시 10분 사이에 도착해.

I will arrive **in ten minutes.**

8시 10분에 도착해.

3 Age gap

나이 차이를 영어로 말할 때는 age difference 또는 apart를 사용한다.
→ chapter 1, 49번 참고.

How many years **apart** are you and your sister?	너하고 누나하고 몇 살 차이니?
What is the **age difference** between you two?	너희들 몇 살 차이니?
My brother and I are three years **apart**.	내 동생과 나는 세 살 차이야.

시간 차이를 얘기할 때는 ahead와 behind를 쓴다.

Seoul is an hour **ahead** of Beijing.	서울은 베이징보다 시차가 한 시간 빠르다.
Beijing is an hour **behind** Seoul.	베이징은 서울보다 시차가 한 시간 느리다.

4 Are you a student?

어느 원어민이나 알아들을 수는 있지만, 원어민들은 보통 Are you in school?이라고 묻는다.

A: **Are you in school?**	A: 학생이세요?
B: Yes, I'm majoring in industrial design.	B: 네, 산업디지인을 전공해요.

5 Are you okay?

상대방이 아플 때에만 하는 질문이다. 무엇을 확인하거나 허락을 받아야 할 상황에서는 Is that okay?를 쓴다.

A: I got into a car accident yesterday.

B: Oh no! **Are you okay?**

A: I'm thinking about spending the night at your place. **Is that okay?**

B: No problem!

A: 나 어제 교통사고 났어.

B: 어머! 괜찮아?

A: 너희 집에서 하룻밤 잘까 생각 중인데, 괜찮아?

B: 당연하지!

6 Be weak at

무언가에 자신이 없을 때는 보통 be bad at something을 쓴다. 반대말은 be good at something이다.

I'**m bad at** grammar.

나는 문법에 약해.

I'**m good at** grammar.

나는 문법에 강해.

be poor at something도 어색한 표현이다.

I'm poor at math. → I'**m bad at** math.

7 Big money

큰 돈은 big money가 아니라 a lot of money라고 한다.

He made **a lot of money** through his business.	그는 사업을 해서 큰돈을 벌었다.

8 Black, White / Dark, Light

black과 white는 인종을 의미하는 말이다. light와 dark는 피부색을 말한다. 그러므로 한국 사람의 피부를 설명할 때에는 light 또는 dark를 사용할 수 있지만 black이나 white는 사용할 수 없다.

My **black** boyfriend has **light** skin.	내 흑인 남자친구의 피부는 밝은 색이야.
My **white** girlfriend has **dark** skin.	내 백인 여자친구의 피부는 거무스름해.

아프거나 놀라서 얼굴이 창백한 경우에는 보통 pale이라는 단어를 쓴다.

Are you okay? Why is your face so **pale**?	너 어디 아파? 얼굴이 왜 그렇게 창백해?

➡ chapter 1, 13번 참고.

9 Body shape

몸매는 physique, 체격은 build라고 해야 한다.

Male swimmers have a lean **physique**.   남자 수영선수들의 몸매는 다부지다.

I like men with a big **build**.   난 덩치가 큰 남자가 좋아.

10 CF

선전(commercial)이나 광고(advertisement)를 의미하는 콩글리시이다. 우리가 흔히 말하는 CF는 그냥 commercial이라고 한다.

My friend was in a **commercial**.   내 친구가 CF에 나왔어.

He was in an **advertisement** for a shoe company.   그가 신발 회사 광고에 나왔어.

11   Come up, Bring up

come up   말/얘기가 나오다
bring up   말/얘기를 꺼내다.

How did that **come up**?   그 얘기가 어떻게 나왔어?

Who **brought** that **up**?   누가 그 얘기를 꺼냈어?

12   Condition

몸 상태나 기분을 표현할 때 컨디션(condition)이 좋다거나 나쁘다고 흔히 표현하는데,
원어민들은 이 단어를 직접 사용하지 않는다. 왼쪽의 예문은 한국인들이 많이 쓰는 콩
글리시, 오른쪽의 예문은 원어민들의 일반적인 표현법이다. → chapter 3, 85번 참고.

My condition is bad.   →   I'm **sick**.

                             →   I'm **under the weather**.

                             →   I'm **in a bad mood** (나 기분 안 좋아).

My throat condition is bad. →   My throat **hurts**. (나 목이 아파.)

                             →   I **have a sore throat**.

한국 사람들은 기분에 따라 달라질 수 있는 상황에서 흔히 depending on my condition이라는 표현을 쓴다. 반면에 원어민들은 condition대신 mood를 써서 이렇게 표현한다.

A: Do you like karaoke?

B: It **depends on my mood.**

A: 노래방 가는 거 좋아하니?

B: 기분에 따라 다르지.

A: Do you usually walk to work?

B: It **depends on** the weather.

A: 너 보통 출근할 때 회사에 걸어가?

B: 날씨에 따라서.

건강에 대해 말할 때 condition이라는 단어를 쓸 수 있는 사람들은 대부분 의사들이다. 예를 들어, The patient is in critical condition(환자가 빈사상태에 있다)이라는 표현을 할 수 있다.

또, 형태를 가진 사물들의 상태를 표현할 때도 condition을 쓸 수 있다.

The old car is in bad **condition.**

이 오래된 차의 상태가 좋지 않다.

13 Dark face

'얼굴이 어둡다'를 무심코 '얼굴이 까맣다'라고 말하는 경우가 많다. face를 aura로 바꾸면 문제를 쉽게 바로잡을 수 있다.*

She's had a **dark aura** ever since her husband committed suicide.

남편이 자살한 후부터 얼굴이 어두웠어.

→ chapter 1, 8번 참고.

*aura[ɔ́:rə]의 정확한 발음을 연습해둘 필요가 있다. '아우라'라고 하면 원어민들도 잘 알아듣지 못하기 때문이다.

14 Demo

demo는 demonstration(시위)의 콩글리시이다. demonstration은 명사이며, protest는 명사와 동사로 쓰인다. protester는 '시위자'를 뜻한다.

College students staged a peaceful **demonstration** in Tiananmen Square in 1989.

대학생들은 1989년 천안문 광장에서 평화 시위를 벌였다.

Citizens **protested** against Chun Doo-Hwan's government.

시민들은 전두환 정부에 반대하는 시위를 했다.

Over a million **protesters** gathered in Gwanghwamun Square to **protest against** president Park Geun-hye.

100만 명이 넘는 시위자들이 박근혜 대통령에 반대하는 시위를 하기 위해 광화문 광장에 모였다.

15 Drinking habit

한국어 '술버릇'은 술을 마시고 난 뒤 하는 어떤 특정 행동을 의미하는 단어이다. 반면에 drinking habit은 '무슨 술을 어떻게 마시는지'를 의미한다.
→ chapter 3, 28번 참고.

What do you do when you're drunk?

네 술버릇이 뭐야?

He **has a habit of** starting fights **when he is drunk.**

그는 취해서 싸우는 버릇이 있다.

Drinking on an empty stomach is an unhealthy **drinking habit.**

빈속에 술을 마시는 것은 몸에 해로운 습관이다.

16 Do ceremony

'세레모니를 하다'를 직역한 표현이다. celebrate를 쓰는 것이 옳다.

Soccer players sometimes **celebrate** goals in odd ways.

축구선수들은 골을 넣을 때 종종 이상한 세레모니를 한다.

'세레모니를 하다'라는 표현은 너무 성급하게 자축하는 사람을 비꼬는 투로도 쓰인다. 하지만 영어에는 적합한 표현이 없고, 번역을 하면 빈정대는 의미를 잃게 된다. 의미 전달 자체에 만족할 수밖에 없다.

He lost the race because he started **celebrating too early.**

쟤 혼자 너무 일찍 세레모니 하다가 경주에서 졌어.

17 Earn money

'돈을 벌다'는 make money라고 한다.

People work in order to **make money.**

사람들은 돈을 벌기 위해 일을 한다.

18 Envy

envy라는 말은 매우 강한 표현이다. '원망'이나 '분함'의 느낌이 섞여 있다는 점에서 '부럽다'와는 다르다. ➡ chapter 3, 32번 참고.

Coworkers **envy** those who get promoted.	직장 동료들은 승진한 사람을 보면 배 아파한다.

부정적인 감정을 의도하는 것이 아니라면 envy 대신 'I wish…'라고 표현하라.

A: I'm going to Italy this weekend.	A: 나 주말에 이탈리아에 가.
B: **I wish I could go, too.**	B: 부럽다. 나도 갈 수 있으면 좋겠다.
I heard you got a new car. **I wish I did, too.**	차 새로 샀다며? 부럽다!

19 First child

큰아이를 firstborn이라고 부르는 사람도 있지만, 미국 사람들은 흔히 oldest(첫째), middle(중간), youngest child(막내)를 더 많이 쓴다. 한 가족에 아이가 네 명 있으면 두 번째 아이는 second oldest이고, 세 번째 아이는 second to youngest이다.

My **firstborn** got married last year.	우리 큰애는 작년에 결혼했다.
My **youngest child** is going to college next year.	막내가 내년에 대학교에 간다.

20 Funny

한국 사람들은 '웃기다'라는 말을 비꼬는 투로 사용하지만, 영어의 funny는 그런 의미가 아니다. 그러므로 다른 단어를 써야 한다.

You want me to clean up your mess?	네가 어지른 걸 나보고 치우라고? (너 되게 웃긴다.)
You're **ridiculous**. / You're **crazy**.	너 웃기다.

21 Go / Be on a diet

diet는 식생활 습관만을 의미한다. 그러므로 go on a diet는 먹는 것을 조절하는 것이다. 사람들은 살을 빼려고 go on a diet를 하지만, 또 다른 방법으로 exercise(운동)도 한다. 당신의 식생활 습관이 바뀌지 않았다면 go on a diet라고 하면 안 된다.

→ chapter 2, 20번 참고.

A: Would you like pasta?	A: 파스타 드시겠어요?
B: No, thank you. I'm **on a diet**. I can't eat carbohydrates.*	B: 아니요, 다이어트 중이에요. 탄수화물은 못 먹어요.
I **exercise** everyday to lose weight.	나 살 빼려고 매일 운동해.
Through **diet and exercise**, I lost 10kg.	식사 조절과 운동을 통해 10kg을 뺐다.

주의! fast(금식하다)와 go on a diet는 같은 말이 아니다.

Fasting is an extreme way of losing weight.	금식은 극단적으로 살을 빼는 방법이다.

*go on a diet와 be on a diet의 차이는 시작 전과 시작 후다. 아직 시작을 안 했으면 go on a diet, 시작을 한 상태라면 be on a diet로 생각하면 된다.

22 Go to a baseball stadium

일반적으로 특정 장소에서 경기나 이벤트가 있으면, 장소 대신 그 이벤트를 말하라.

I **went to the baseball game** to cheer for my team.	우리 팀을 응원하러 야구장에 갔어.
I **went to a concert** at Jamsil Sports Complex.	잠실종합운동장에서 열린 콘서트에 갔어.

23 Good at studying

무언가를 잘한다고 할 때 보통 be good at something 표현을 쓰는데, 공부를 잘한다고 할 때는 이런 식의 표현을 쓰지 않는다. 대신 다음과 같이 표현하라.

My son **does well in school**.	우리 아들은 공부를 잘해.
He **gets good grades**.	그는 공부를 잘해.
He's a **good student**.	그는 공부를 잘해.

우리말의 '잘하다'에는 무언가에 뛰어나다는 의미와 많이 즐긴다는 의미가 동시에 포함되어 있다. 이를 영어로 옮길 때는 무조건 be good at만으로 표현해서는 안된다.

He's **good at** swimming.   그는 수영을 잘한다.

He eats **a lot**.   그는 잘 먹는다(많이 먹는다).

24   Good for health

몸에 좋다는 의미로 흔히 쓰지만 미국 사람들한테는 살짝 어색하게 들린다. 대신 be good for your health 혹은 be good for you라고 표현하라. you 때문에 헷갈려 하지 말라. 여기서 you는 상대방 개인이 아니라 일반 대중을 의미한다.

Vegetables are **good for your health**.   채소는 건강에 좋다.

Vegetables are **good for you**.   채소는 몸에 좋다.

25   Half-half

'반반'을 의미하려면 fifty-fifty가 더 자연스럽다.

A: Do you watch more Korean movies   A: 너는 한국 영화를 더 많이 보니,
   or more American movies?   미국 영화를 더 많이 보니?

B: **50/50**.   B: 반반.

26 Have ability

'능력 있다'는 의미로 사용하는데 원어민들은 이해할 수 없는 표현이다. ability는 특정한 무언가를 할 수 있는 힘이나 역량, 또는 유능함을 의미한다. 따라서 다음과 같이 구체적으로 표현해야 한다.

| Superman **has the ability to** fly. | 슈퍼맨은 날 수 있는 능력이 있다. |
| Not everyone **has the ability to** sing well. | 모두에게 노래를 잘하는 능력이 있는 것은 아니다. |

'능력 있다'는 말은 상황에 따라 다양하게 표현될 수 있다.

| He's successful and makes a lot of **money**. | 그 남자 능력 있어. |
| He's a **good teacher**. | 그는 능력 있는 선생님이야. |

영어에는 한국 사람이 말하는 "능력 있어"라는 표현이 없으므로, 무슨 능력이 어떻게 있는지 자세히 표현하는 게 맞다.

27 High tone

'목소리가 높다'라는 의미로는 high voice가 옳다.

| Your boyfriend has a **high voice**. | 네 남자친구 목소리가 하이톤이네. |

28　Hot

한국에서 hot는 인기가 있거나 대다수에 영향을 끼칠 때 흔히 사용하는 단어다. 하지만 미국 영어에서는 그런 뜻이 아니다.

The sinking of the Sewol ferry is a hot issue. → The sinking of the Sewol ferry is a **major** issue.

Gangnam is a hot place for tourists. → Gangnam is a **popular** tourist spot.

미국에서는 은어로 성적 매력이 있는 사람을 칭할 때 hot를 쓰기도 한다.

A: Do you want to go clubbing tonight?　오늘밤에 클럽 갈래?

B: Yeah! I want to meet a **hot** guy tonight!　좋아! 오늘밤 멋진 남자 만나고 싶어!

29　Hurt my mind

누군가 불쾌한 말을 하면 you 또는 your feelings가 다치게(hurt) 된다. 이 경우 이렇게 말할 수 있다.

You **hurt my feelings.**　네가 나의 마음에 상처를 줬어.

I'm **hurt.**　나 상처 받았어.

그런데 상처를 받게 되는 '마음'을 한국인들은 흔히 feelings(감정)가 아니라 mind(정신)로 표현한다. 그러나 이 둘을 엄격히 구분하면 feelings가 상처를 입는 것이다. 우리말 '마음'에 해당하는 영단어는 다음과 같이 구분해서 쓰자.

My mother is a **warm-hearted** person.	우리 엄마는 마음이 따듯하신 분이다.
My **heart hurts** when I think about my dead dog.	죽은 내 강아지를 생각하면 마음이 아파.
My **mind is set on** marrying him.	그와 결혼하기로 마음먹었어.
I **changed my mind**.	나 마음을 바꿨어.
You **read my mind**!	나도 딱 그 생각하고 있었어!
I **have no desire to** start a business.	나는 사업을 벌이고 싶은 마음이 없어.

30 Incentive, Bonus

한국 회사에서 자주 쓰이는 외래어. 엄밀히 말하면 incentive(장려책)는 더 열심히 일하도록 부여하는 것이다. bonus는 돈으로 부여하는 incentive이고, 칭찬과 인정을 받는 것은 다른 종류의 incentive이다.

A: Why do you work so hard?

B: I get big **bonuses**.

A: Is that your only **incentive**?

A: 너는 왜 그렇게 일을 열심히 해?

B: 인센티브가 커.

A: 너의 의욕은 그것뿐이야?

31 I have a lot of thinking

'생각이 많다'는 I have a lot on my mind라고 하자.

A: You seem distracted. Is something wrong?

B: I'm sorry, **I have a lot on my mind.**

A: 너 산만해 보여. 무슨 일 있니?

B: 미안, 생각이 많아.

32 Ignore, Look down on

우리말 '무시하다'에는 두 가지의 의미가 있다. 우선 '신경쓰지 않는다'의 의미이다.

Smokers often **ignore** the "No Smoking" sign.

담배 피우는 사람들은 금연 표지판을 신경쓰지 않는다.

또 다른 의미는 '사람을 깔보다'이다. 이럴 때는 ignore가 아닌 구동사 look down on 을 쓰면 된다.

People **look down on** you if you can't speak English.

영어를 못하면 사람들이 무시한다.

33　In a long time

한국말로는 '오랜만에'로 해석해도 괜찮지만, 영어로는 상황에 따라 아래와 같이 다르게 표현되는 게 더 자연스럽다.

I haven't been here **in a long time**.　오랜만에 여기 와본다.

Long time no see! I haven't
seen you **in a while!***　오랜만이야! 못 본 지 오래됐다!

*in a while이 in a long time보다 더 자연스럽다. ➡ chapter 5, 6번 참고.

It's been **a long time since** we had
dinner together.　함께 저녁을 먹은 지 오래됐다.

It's so nice to **finally** go traveling.　오랜만에 여행하니까 너무 좋다.

34　Listen to class

'수업듣다'는 세 가지 방법으로 표현할 수 있다.

첫 번째는 일반적인 표현 – take a class.

What **classes** are you **taking** this
semester?　너 이번 학기에 무슨 수업 들어?

두번째는 특정한 날의 특정한 수업 – have class.

A: You want to go to the movies with me tonight?

B: I can't. I **have class**.

A: 오늘 나하고 극장 갈래?

B: 안 돼. 나 수업 있어.
  (수업 들어야 돼.)

세번째는 수업에 참석하고 있는 중 – be in class.

A: Where are you?

B: I'**m in class**.

A: 너 어디야?

B: 지금 수업 듣고 있는 중이야.

많은 경우에는 단순히 class만 써도 된다.

I have to go to **class**.

나 수업 들으러 가야 돼.

35 Meat house

고깃집은 meat house가 아니라 barbecue place라고 한다. 고기를 구워 먹는 식당은 barbecue이고, 전문적으로 한 가지를 요리하는 '집'은 place라고 한다.

A new **barbecue place** opened up in my neighborhood.

집 근처에 고깃집이 생겼어.

Is there a pizza **place** around here?

이 근처에 피자집이 있니?

36 Melo, Ro-co, SF

한국 사람이 말하는 멜로 영화는 영어로 **romance movies**라고 부른다.
미국에서는 romantic comedy를 **rom-com**으로 줄인다. ro-co는 한국식 표현.
미국 사람은 SF라는 말을 들으면 샌프란시스코를 떠올린다. 영어로 science-fiction의 약자는 **sci-fi**이다.

37 Mosaic

모자이크는 예술 기법의 한 종류이다. 사진이나 영상의 특수효과를 말하는 것이라면 pixelated나 blurred out이라고 표현해야 한다.

Why is that even **pixelated**? I can still see everything.	저거 왜 모자이크를 한 거지? 어차피 다 보이잖아.
Cigarettes are **blurred out** on Korean television.	한국 TV에서는 담배 피우는 장면에 모자이크 처리를 한다.

38 No mental

'개념 없다'를 그대로 영어로 옮긴 잘못된 표현이다. '개념'은 보통 concept라고 번역되지만 항상 그렇지는 않다.

Teenagers don't understand the **concept** of love.	청소년들은 사랑에 대한 개념이 없다.

'그는 참 개념 없어'라는 표현을 생각해보자. 여기서 개념이 없다는 것은 버릇이 없다는 뜻일까, 아니면 너무 자기중심적이라는 뜻일까? 주어진 상황에 따라 의미하는 바가 달라질 수 있고, 여기에서 논한 두 가지 경우 중의 한 가지를 의미할 수도 있다. 하지만, 영어에는 '개념 없다'라는 우리말에 딱 맞는 표현이 없다. 상황에 따라 맞는 단어와 표현을 찾아서 사용할 수밖에 없다.

Cutting in line is **rude**.	새치기는 개념 없는 짓이다.
Self-centered people never consider others.	개념 없는 사람들은 남 생각을 안 한다.

mental과 관련된 또 다른 표현으로 '멘탈이 강하다'는 말도 있다. 문장 그대로 영어로 직역하면 His mental is strong이라고 할 수 있겠지만, 이런 표현은 한국 사람만 알아들을 수 있는 엉터리다. 오히려 He handles stress well이 더 의미 전달이 잘 되는 문장이다.

Leaders must be able to **handle stress well**.	지도자들은 멘탈이 강해야만 한다.

39 Nobody knows

'아무도 모르지'의 콩글리시 표현이다. 올바른 표현은 You never know이다.

You never know when you're going to die.

언제 죽을지는 아무도 모른다.

I hope everything works out, but **you never know.**

다 잘됐으면 좋겠지만 아무도 모르지.

40 Not my style

사람에 대해서 말을 할 때는 not my type을 쓰고, 나머지는 not my style을 쓰는 것이 좋다.

He has a good personality, but he's **not my type.**

성격은 좋은데, 내 스타일 아니야.

A: Why don't you try on these red pants?

A: 이 빨간 바지 입어보지 그래?

B: No way! That's **not my style.**

B: 안 돼! 내 취향에 안 맞아.

참고로 not my thing은 잘 못하거나 하기 싫어하는 것을 의미하는 은어이다.

Singing's **not your thing.**

넌 노래 못해.

Camping's **not my thing.**

난 캠핑 안 좋아해.

41 Open mind

open mind가 틀린 표현은 아니지만, 자주 잘못 사용된다. open mind는 명사이고, open-minded는 형용사이다.

Please listen to my idea **with an open mind**.

오픈 마인드로 내 생각을 들어줘.

Please try to be **open-minded** about my idea.

내 생각에 대해 편견을 갖지 말아줘.

➡ chapter 2, 15번 참고.

42 Original Korean

전형적인 한국인의 특징을 가진 사람을 지칭할 때 흔히 original Korean이라고 하지만 바른 영어 표현은 typical Korean이다.

He is a **typical Korean**.

그는 오리지널 한국 사람이다.

이 표현에서 영어와 한국어의 가장 큰 차이는 typical이 부정적인 의미를 갖고 있다는 점이다.

He's a **typical Korean**; he is quick to anger and quick to forget why he was angry.

그는 오리지널 한국 사람이야. 그에게는 냄비 근성이 있지.

부정적인 의미 없이 전형적인 한국인을 표현하고 싶다면 typical을 very로 바꾸는 것이 가장 쉬운 방법이다.

He's **very Korean**; he needs kimchi with every meal.

그는 오리지널 한국 사람이야. 식사 때마다 김치가 있어야 돼.

43 Performance

우리말로 '퍼포먼스를 하다'는 일견 do performance로 번역하기 쉽다. 하지만 이렇게 번역을 하면 이미 존재하는 동사 perform을 무시하는 것과 같다. '퍼포먼스를 하다'라는 뜻의 perform을 쓸 땐 목적어가 필요하다.

I **performed** a ballad in front of my coworkers.

나는 동료들 앞에서 발라드를 퍼포먼스 했다.

그런데 해당 목적어와 자연스럽게 어울리는 다른 동사가 있을 때는 perform이 필요 없다.

I **sang** a ballad in front of my coworkers.

나는 동료들 앞에서 발라드를 불렀다.

44 Poisonous person

'독한 사람'이라고 말하고 싶은데 '남한테 해로운 사람(poisonous person)'이라고
잘못 표현하는 경우가 많다. '독한 사람'이라는 영어 표현은 따로 없으므로 상황에
맞는 단어를 골라 써야 한다.

Only a person with **strong will power** can quit smoking.	오직 독한 사람이 담배를 끊을 수 있다.
Soldiers go through **harsh** training in boot camp.	군인들은 신병훈련소에서 독한 훈련을 받는다.
He's so **stubborn** that he'll never admit that he's wrong.	그는 몹시 독한 사람이라서 절대로 자기가 틀렸다고 인정하지 않아.

45 Poor economic situation

경제 상황이 좋지 않은 사람에 대해 얘기할 때는 broke가 제일 무난하게 쓸 수 있는
말이다. 나라에 대해 얘기한다면 tough economic times가 가장 자연스럽다.

Ever since I lost my job, I've been **broke**.	직업을 잃은 후 형편이 안 좋아졌다.
Korea was in **tough economic times** in 1997.	한국은 1997년에 경제 상황이 좋지 않았다.

미국 사회에서는 돈 얘기를 직설적으로 하는 게 실례이기 때문에 다른 사람의 경제
상황을 얘기할 때는 보통 간접적으로 말한다.

He's been **out of work** for a few months.	그는 몇 개월 전부터 직업이 없었다.

46 Read a book

Read a book은 '책 한 권을 읽다'라는 의미이다. '독서하다'는 목적어 없이 read라고 하면 되고, 책 이외의 다른 것을 읽을 때에는 무엇을 읽는지 명시하라.

I **read** this weekend.
나 주말에 책 읽었어.

People don't **read the newspaper** anymore.
사람들은 더 이상 신문을 보지 않는다.

I **read** about the scandal **in a magazine**.
나는 그 스캔들에 대해 잡지에서 읽었어.

이 규칙은 eat food에도 해당된다. 사람들이 먹는 것은 당연히 음식이므로 eat food라고 밝힐 필요는 없다. 즉, 일반적으로 이야기할 때는 목적어가 필요 없다. 무엇을 먹었는지 명시하고 싶을 때만 목적어를 써라.

A: Do you want to eat?
A: 밥 먹을래?

B: Yeah, I'm so hungry I could **eat a whole pizza**.
B: 응, 너무 배고파서 피자 한 판 다 먹을 수 있을 것 같아.

47 Receive my salary

'월급을 받다'라는 표현을 하고 싶을 때는 get paid 또는 payday를 쓴다.

I'll get you something once I **get paid**.
월급 받은 후에 뭐 사줄게.

Tomorrow is my **payday**; let's wait until then.
내일 나 월급 받는 날이야. 그 때까지 기다리자.

48 Rinse, Conditioner

한국 사람이 '린스'라고 부르는 걸 미국 사람들은 conditioner라고 부른다.

A: Do you use **conditioner**?

B: No, it's too much of a hassle to rinse out.

A: 너 린스 써?

B: 아니, 씻어내는 게 너무 귀찮아.

49 Same age with me

동갑이라는 표현인데 with가 아니라 as로 바꾸어야 한다. ➡ chapter 1, 3번 참고.

He is the same age **as** me.

우리 동갑이야.

50 School fee

school fee라는 단어는 영어에 없다.

tuition   학비

registration fee   등록비, 가입비

College **tuition** is too high for students to pay by themselves.	대학교 학비는 학생들이 혼자 내기엔 너무 비싸다.
The **registration fee** is 50 dollars.	등록비는 50달러입니다.

51 Selca

'셀카'는 원어민이 절대로 못 알아 듣는 말이다. 대신 selfie라고 해보자.

Stop taking **selfies**!	셀카 좀 그만 찍어!

52 Self-development

'자기계발/개발'을 직역하여 self-development로 표현하는 경우가 많다.(영어에는 '자기계발'과 '자기개발'의 차이가 없다.) 이는 영어에 없는 표현으로, 특정 문맥에 따라 다음과 같이 두 가지로 표현한다.

일반 대화에서는 self-improvement이다.

A: Why are you studying English?	너 영어 공부 왜 하니?
B: For **self-improvement**.	자기계발을 위해서.

책 종류는 self-help이다.

Do **self-help** books really help?	자기계발 책이 정말 도움이 되나?

53 Service

콩글리시에서 '서비스'는 무료로 얻는다는 의미가 있고, 식당에서는 웨이터들이 친절하고 빠른 것도 의미한다. 영어에서는 두 번째 의미로만 사용된다.

The **service** at this restaurant is incomparable. All the servers are friendly and fast.	이 식당 서비스가 비교가 안 돼. 웨이터들이 다 친절하고 빨라.

무료의 의미를 표현할 때는 free라고 하고, 웨이터가 무료로 주는 것은 It's on the house라고 한다.

I come here so often that the owner always gives me **extra** meat.	여기에 자주 와서 사장님이 항상 고기를 서비스로 더 주셔.
The salad is **on the house**. Enjoy!	샐러드는 서비스입니다. 맛있게 드세요!

54 Shocked, Surprised

이 두 단어를 '놀라다'로 번역하는 사람은 함축된 의미를 무시하는 것이다. shocked는 좋지 않은 의미이지만 surprise는 좋을 수도 있다.

His family was **shocked** by the news of his death.	그의 사망 소식에 그의 가족은 충격을 받았다.
His friends **surprised** him with a birthday party.	친구들이 서프라이즈 생일 파티로 그를 놀래켰다.

두 번째 예문에서는 그가 기뻐했을 것임을 맥락만 봐서도 알 수 있다. 하지만 surprised가 애매모호할 때도 있다.

He was **surprised** by my honesty.　　　　　그는 나의 솔직함에 놀랐다.

이처럼 앞뒤 맥락이 없으면 그의 반응이 긍정적인지 중립적인지 알 수 없다. 후자이면 문장을 그대로 두고, 전자이면 surprised 앞에 pleasantly를 추가하라.

He was **pleasantly surprised** by my　　그는 나의 솔직함에 기분 좋게 놀랐다.
honesty.

55 Small mind

영어에는 '소심하다'는 뉘앙스를 가진 단어가 없으므로 상황마다 다른 단어를 써야 한다. 쉽게 부끄러워하는 사람은 shy나 timid 혹은 introverted라고 표현한다.

The **timid** office worker was not brave　　소심한 사무원은 급료 인상을 요구하지
enough to ask for a raise.　　　　　　　　못했다.

잘 삐지거나 유난스러운 사람은 petty이다.

It was **petty** of you to bring that up.　　그 말을 꺼낸 네가 참 소심하다.

다른 사람이 과거에 잘못한 일을 잊지 못하고 담아두는(뒤끝 있는) 사람에 대해서는 hold a grudge라고 한다.

Rather than forgive he **holds a grudge**.　　소심한 그는, 용서를 하지 않고, 원한을
　　　　　　　　　　　　　　　　　　　　　품는다.

56 Soft personality

부드러운 성격은 gentle 또는 mild-mannered가 더 적절하다.

A **gentle** person rarely loses his temper.　성격이 부드러운 사람은 성질을 부리는
경우가 드물다.

Women prefer **mild-mannered** men as
husbands.　여자들은 성격이 부드러운 남편을
원한다.

57 Society life

'사회생활'을 직역한 표현. '사회생활'은 문자 그대로 보자면 사람 사이의 '모든' 상호작용을 표현하는 듯하지만, 실제로는 상황에 따라 의미가 조금씩 다르고, 따라서 영어 표현도 달라진다. 우선 일반적 의미는 업무 경력에 대한 것이다.

Because I only graduated from college
last month, I don't have any **work
experience**.　대학교 졸업한 지 한 달밖에 안 돼서,
아직 사회생활을 못 했어.

'사회생활'은 상호작용의 경험을 의미하기도 한다.

People who are **socially awkward** have
a hard time making friends.　사회생활을 못하는 사람은 친구를
사귀기 쉽지 않다.

학생들은 sociable이 '사회생활'이라고 생각하지만 그렇지 않다. Sociable한 사람은 사람을 만나고 같이 지내는 걸 좋아한다.

Just because you are **sociable** doesn't
mean you will climb the social ladder.　붙임성이 있다고 해서 사회생활을 꼭
잘하는 것은 아니다.

사회생활'을 social life로 번역하고 싶어 입이 근질근질할 것이다. 그렇지만 주의할 것은, 일만 하는 사람은 social life가 전혀 없는 것이고 social life가 있는 사람은 나가서 놀기도 하고, 친구들도 만나고, 새로운 인간관계를 형성하기도 한다.

I've been so busy lately that I have no **social life**.	요새 너무 바빠서 친구 만날 시간이 없어.

58 Take a rest

미국 영어에서는 take a rest라고 잘 하지 않는다. 동사 rest 아니면 relax가 더 좋다.

I'm so tired! I need to **rest**.	나 너무 피곤해! 좀 쉬어야겠어.
I just want to **relax** at home tonight.	오늘밤은 집에서 쉬고 싶어.

일하다가 잠깐 몇 분 쉬는 것은 take a break.

Let's **take a short break**.*	잠깐 쉬었다 하자.
Take five everyone.**	모두 다 5분 쉬었다 합시다.

당분간 쉬고 싶어서 직업이 없는 것은 take time off.

As a freelancer I can **take time off** whenever I want to.	나는 프리랜서로서 아무 때나 쉴 수 있어.
He took **extra time off** for personal reasons.	개인적인 문제 때문에 보충휴가 냈어.

회사에서 허락을 받아 일정 기간 동안 쉬는 것은 have time off 또는 be on leave라고 한다. be on leave는 여러 가지 종류가 있다. 쉽게 말해서 vacation이라고도 할 수 있다.

My boss knows I need to **have some time off.** (My boss knows I need a **vacation.**)	나 좀 쉬어야 된다는 걸 상사도 알고 있어.
He's **on leave** until next week. (He's **on vacation** until next week.)	쟤 다음 주까지 쉬어.
She's **on maternity leave.**	그 사람 출산 휴가 중이야.
He's **on paternity leave.**	그 사람 육아 휴직 중이야.
He's **on sick leave.**	그 사람 병가 중이야.
I want to use my **annual leave.**	저 연차휴가 사용하고 싶습니다.

쉬는 기간을 명시할 때는 break 또는 off 전에 시간 단위를 포함하라.

Let's take a **ten minute** break.	우리 10분 동안 쉬자.
I'm the boss. I can take **the day** off if I want to.	난 사장이잖아. 하루 쉬고 싶으면 쉬는 거지.
Since I have **January** off, I'm going on vacation to Europe!	1월에 쉬어서 유럽에 휴가 가!

*take five는 take a five minute break의 줄인 말이다.

Take a five minute break everyone.	모두 5분 쉬었다 합시다.

**더 자세히 말하고 싶으면 쉬는 시간에 무엇을 할 것인지도 포함할 수 있다.

Let's take a **bathroom** break.	화장실 갈 수 있게 잠깐 쉽시다.
Let's take a **cigarette** (or ciggy) break.	담배 한 대 피우러 나가자.
Let's take a **lunch** break.	점심 먹으러 쉬지요.

59 Understand

understand는 '이해하다'라는 의미이다.

My family **understands** me.	나의 가족은 나를 이해해.
My boyfriend doesn't **understand** why I'm angry.	나의 남자친구는 내가 왜 화가 났는지 이해를 못 한다.

'이해해주다'라는 의미를 표현할 수 있는 두 가지 방법이 있다. 목적어 없이 understand(동사)를 쓰거나, 혹은 understanding(형용사)을 사용하는 방법이다.

My English is not good. Please **understand**.	난 영어를 잘 못해. 나를 이해해줘.
My family is **understanding of** me.	나의 가족은 나를 이해해준다.

그러므로 Please understand me는 '나를 이해해줘'라고 번역하는 것은 잘못이다. 그렇다고 '나를 이해해'라고 하는 표현도 잘 쓰지 않는 것이어서 어색하기는 마찬가지다. understand과 understanding의 차이는 '이해하다'와 '이해해주다'의 차이와 같다.

60 Wedding ceremony

wedding ceremony는 커플이 올리는 결혼식 행사만을 의미한다. 반면에 wedding은 결혼의 모든 과정을 포함한다.

I'm going to my friend's **wedding** next month.	나 다음 달에 친구 결혼식에 가.

The **wedding ceremony** was held at the church, and the dinner was served at the hotel.

예식은 교회에서 진행됐고, 만찬은 호텔에서 진행됐다.

61 Well-being

이 단어는 콩글리시로, 보통 healthy라는 의미이다. 영어에서 well-being의 뜻은 '행복'이다.

Healthy eating was a fad in Korea.

한국에서는 웰빙 음식이 유행이었어.

Good parents tend to their children's emotional, physical, and psychological **well-being.**

좋은 부모는 그의 아이의 정서적인, 육체적인 그리고 심리적인 행복을 돌본다.

잘못
이해하고
있는
어휘

잘못되거나 틀린 표현은 아니지만 한국인들이 본래의 영어 용법과 다르게 사용하는 경우도 적지 않다. 이처럼 잘못 이해하고 있는 단어나 표현들은 혼선을 일으키게 마련이고 의사소통의 혼란을 초래한다.

1 Across / Cross

across는 전치사이고 cross는 동사이다.

McDonald's is **across** the street.

Please **cross** the street.

맥도날드 매장은 길 건너편에 있습니다.

길을 건너세요.

2 Audience

audience는 가산명사이며 상황에 따라 단수 또는 복수일 수 있다. 하지만 음악당 같은 특정 장소의 청중들을 나타낼 경우에는 단수를 쓴다.

The **audience** in the concert hall clapped for an encore.

콘서트 홀에 있는 청중들이 앙코르를 해달라며 박수를 쳤다.

'청중'을 복수로 나타내고 싶다면 the people in the audience라고 표현하라.

The people in the audience clapped for an encore.

음악당에 있는 청중들이 앙코르를 해달라며 박수를 쳤다.

복수형인 audiences는 여러 장소에 있는 사람들을 동시에 말할 때 쓴다.

Classical music is enjoyed by **audiences** throughout the world.

클래식 음악은 세계 여러 곳에 있는 청중들이 즐긴다.

3 Background

우리말 '배경'에 해당하는 영단어는 여럿이다. 무작정 background로 옮겨서는 안 된다.

What is the **setting** of the movie?	그 영화의 배경이 뭐야?
Money was the **cause** of the problem.	그 사건의 배경에는 돈이 있었다.
He **comes from a good family, has money, and is well educated.**	그는 배경이 좋아.

대부분 사진이나 그림의 '배경'에 대해서 얘기할 때만 background를 사용한다.

There are mountains in the **background** of the *Mona Lisa*.	〈모나리자〉의 배경에는 산들이 있다.

비속어 '빽'은 background에서 유래한 것이다. 하지만 우리말 '빽'을 영어 back으로 표현해서는 절대 안 된다. 이 상황에 적절한 단어는 connections이다.

His dad has **connections** in the fashion world.	걔 아빠가 패션계에 빽이 있어.

Be, Get

be+형용사, get+형용사는 모두 사람의 어떤 상태를 의미하는데 용법은 서로 다르다. get과 형용사는 그 상태가 발생되는 순간을 의미하고, be와 형용사는 그 순간 이후의 상태를 의미한다.

My boss **got angry** at me.	나의 상사는 나한테 화를 냈다.
My boss **is angry** at me.	나의 상사는 나한테 화가 나 있다.
I **get tired** easily.	나는 쉽게 피곤해진다.
I'm tired.	나 피곤해.

→ chapter 2, 22번 / chapter 6, 2번 참고.

Be familiar with

누구와 be familiar with하다고 하면 보통 그 사람은 상대방 또한 잘 아는 유명한 사람이다. 하지만 특정한 사람과 be familiar with하다고만 하지 말고, 그 사람이 무엇 때문에 유명한지 말을 해주는 것이 좋다.

I **am familiar with** Obama's policies	나는 오바마의 정책을 잘 안다.
Movie enthusiasts in the West **are familiar with** Bong Joon-ho's movies.	서양의 영화광들은 봉준호의 영화를 잘 안다.

친한 친구에 대해서 얘기할 때는 be close to를 사용한다.

I have known him since middle school.   나는 중학교 때부터 그를 알았다.

I **am close to** him.   나는 그와 친하다.

We are **close** friends.   우리는 친한 친구다.

'친하다'는 friendly가 아니라 close이고 '친절하다'는 friendly나 polite라는 점에 유의하자.

6   Beg

beg을 하는 사람들은 주로 거지, 아이, 아니면 주부이다.

The beggar **begged** for food.   거지가 먹을 것을 구걸했다.

Children **beg** their parents for toys.   아이들은 장난감을 사달라고 떼를 쓴다.

Housewives **beg** their husbands for designer brands.   주부들은 남편에게 명품을 사달라고 조른다.

7 Blame

I can't blame my son이라고 말을 하면 듣는 사람은 즉시 You can't blame him for what?이라고 되물을 것이다. blame을 쓸 경우 for 다음에 설명이 따라와야 한다.

A: I can't **blame** my son **for being lazy.**

B: Why not?

A: Because he gets it from me.

A: 아들을 게으르다고 비난할 수는 없어.

B: 왜?

A: 날 닮아서 그러니까.

8 Budget

budget(예산, 비용)은 우리가 실제로 소비하는 것이 아니다. 우리가 쓰는 것은 엄밀히 말하면 budget에 있는 '돈'이다.

What's your **budget** for the trip?

I can't spend any more. I spent all the money in my **budget.**

여행가는 데 예산이 얼마나 되니?

더 이상 쓸 돈이 없어. 예산에 있는 돈을 다 썼어.

9

Burden

burden은 우리말 '짐' 또는 '부담'이라고 번역하는 것이 옳다. 하지만 우리말 '부담'은 burden보다 훨씬 다양한 의미를 가지고 있어서 '부담'을 모두 burden으로 옮겨서는 안 된다.

High tuition is a **burden** for students.　　　학생들에게 높은 학비는 부담이다.

이 예문에서는 빚이 학생 어깨에 놓인 짐 같이 느껴진다. 이처럼 어려움이나 의무 또는 책임 때문에 짐이 되는 느낌일 때는 burden을 쓰는 게 옳다. 하지만 다음 예문들처럼 burden 대신 다른 표현을 사용해야 자연스러운 경우도 있다.

It's **uncomfortable** seeing him.　　　그를 만나는 게 부담스럽다.

He's so good to me that **I don't know how to reciprocate.**　　　나한테 너무 잘해줘서 (어떻게 보답해야 할지 몰라서) 부담이 돼.

10

Character, Personality

두 단어는 비슷하지만 분명히 다르다. 겉으로 보이는 것(유머감각, 낙관론, 비관, 자신감)이 personality를 구성한다. 반면에 character가 있는 사람은 솔직함, 의무, 또는 선을 구성한다.

She has a great **personality**.　　　그녀는 성격이 좋아.

Great people have **character**.　　　훌륭한 사람은 (그럴 만한) 기질이 있다.

→ chapter 6, 12번 참고.

11   Cheap

한국어와 똑같이 영어에서도 물건이나 사람이나 cheap할 수 있다. 물건이 cheap하다는 건 한국어의 경우와 의미 차이가 없다. 하지만 사람에 대해 cheap하다고 하는 것은 한국어에서는 주로 성적인 의미의 표현이지만, 영어에서는 그 사람이 쪼잔하다는 뜻이다.

Of course you would choose the **cheapest** one since you're **cheap**.	당연히 너는 쪼잔하니까 제일 싼 거 사겠지.

12   Direct

direct가 '직접적인'의 뜻을 가지는 경우는 오직 형용사로 쓸 때이다.

He likes to be **direct** when he talks.	그는 말할 때 직접적이야.

directly는 대부분 '곧장'으로 번역된다.

I went **directly** home.	나 곧장 집에 갔어.

우리말 '직접'이라는 부사를 영어로 표현할 때는 directly를 쓰지 않는다. 대부분의 경우에는 in person 또는 personally가 제일 좋다.

My coworker gave me the wedding invitation **in person**.	동료가 나한테 직접 청첩장을 줬어.
You won't know how good it is until you try it out **personally**.	네가 직접 써보기 전에는 얼마나 좋은지 모를 거야.

in person과 personally의 차이는, 전자는 사람이 실제로 같은 장소에 있었다는 의미이지만 후자는 그렇지 않다는 점이다.

direct와 '직접'의 의미 차이가 너무 많아서 여기서 다 설명할 수는 없다. 더 많은 뜻과 예문을 사전에서 찾아보자.

13 Don't you want to go? No, I do.

영어와 한국어의 차이 때문에 의미가 잘못 전달될 수 있는 경우이다. 한 가지만 기억하자. 이중부정은 강한 긍정이다.

A: Don't you want to go?　　　　A: 가고 싶지 않니?

B: **No, I do** want to go.*　　　　B: 응, 가고 싶어.

의심스러울 때는 두 가지 선택이 있다. 논리적으로 말하든지, 아니면 원하는 의미로 대답을 반복하는 것이다.

A: Don't you want to go?　　　　A: 가고 싶지 않니?

B: Yes, **I want to go.**　　　　B: 응, 가고 싶어.

　　또는

B: No, **I want to go.**　　　　B: 아니, 가고 싶어.

대화할 때는 yes나 no는 상관없이 대답의 뒷부분에 설명을 하면 상대방이 충분히 이해할 것이다.

*여기에 나오는 do는 강조하기 위해서 본동사 앞에 붙인 조동사이며, 의미에는 영향을 미치지 않는다.

14 Excited

거의 항상 긍정적인 의미이다. 부정적인 의미는 get worked up이다.

I'm **excited** about my new job.

새로운 직장에 대해서 마음이 들뜬다.

Don't **get worked up** over nothing.

아무것도 아닌 것 가지고 흥분하지 마.

15 Generous

generous는 '후하다' 또는 '통이 크다'는 의미이다.

The **generous** uncle paid for his nephew's college tuition.

통이 큰 삼촌이 조카의 대학 학비를 냈다.

generous에 '관대하다'라는 의미도 있지만 항상 그렇게 사용하지는 않는다. '관대하다'를 완벽하게 대신할 수 있는 영어 단어는 없다. 하지만 상황에 따라 적절한 단어가 있다.

My boss is **forgiving** about my tardiness.

우리 사장님은 내가 늦는 것에 대해 관대해.

The host **graciously** entertained his guests.

주인이 손님에게 관대(환대)했다.

'관대하다'와 비슷한 표현에는 '마음이 넓다'가 있다. 이것 또한 영어로 표현할 때는 상황에 맞는 적절한 단어를 사용하는 위의 규칙을 따르는 것이 바람직하다. 하지만 broad mind는 '관대하다'는 뜻을 가지고 있지 않다. broad-minded(형용사로 쓰임) 는 편견이 없는 사람을 뜻한다.

A good judge is a **broad-minded** judge.   판사는 반드시 편견이 없어야 한다.

broad-minded와 매우 비슷하고 자주 사용되는 표현이 open-minded이다.
→ chapter 1, 41번 참고.

16 Hangover

have 동사가 있어야 하는 명사이다.

I **have a hangover**.   나 숙취 있어.

영어의 일반 규칙은, 형용사를 사용하면 더 편리하고 자연스러워진다는 것이다.
→ chapter 6, 7번 참고.

I'm **hungover**.   나 숙취 있어.

17 House chores

housework 또는 chores로 말하는 것이 옳다.

My father does all the **housework** in the family.

우리 가족 중 아버지께서 집안일을 다 하신다.

Doing the laundry is the least difficult **chore**.

빨래는 가장 힘이 덜 드는 집안일이다.

18 Impressive

impressive는 대단하다는 의미이다. 한국 학생들이 왜 impressive를 '인상적인'이라고 생각하는지는 이해한다. 사전에 그렇게 나와 있기 때문이다. 하지만 impressive가 의미하는 것을 가장 정확하게 옮기면 '대단하다' 이다.

South Korea's post-war growth has been **impressive**.

한국의 전후 성장은 대단했다.

'대단하다'를 다르게 표현할 수 있는 방법은 impress를 수동태로 사용하는 것이다.

Economists are **impressed** with South Korea's post-war growth.

경제학자들은 한국의 전후 성장에 대해 감명을 받는다.

'인상적'이라고 말하고 싶을 때는 두 가지 방법이 있다. make an impression on과 memorable을 사용하는 방법이다.

My first trip abroad **made a deep impression on** me.

나의 첫 해외여행은 인상적이었다.

My first trip abroad was **memorable**.

나의 첫 해외여행은 기억에 남는다.

19 Lack

lack은 보통 '부족하다'는 의미로 옮겨진다.

There is a **lack** of interest in both parties.   양쪽 모두 관심이 부족하다.

하지만 우리말 '부족하다'를 영어로 옮길 경우에는 not enough를 쓰는 것이 보통이다.

There's **not enough** seasoning.   양념이 부족해.

I **don't get enough** exercise.   나 운동이 부족해.

A: Do we have any leftovers?   A: 밥 남은 거 있어?

B: Yeah, but it's **not enough** for both of us.   B: 응, 그런데 둘이 먹기에는 부족해.

20 Lose my weight

my를 빼야 옳은 표현이다.

I **gained weight** over Chuseok.   추석 때 몸무게가 늘었어

Now I need to go on a diet and **lose weight**.   이제 다이어트해서 살 빼야 돼.

→ chapter 1, 21번 참고.

21 Make up

make up은 '화장'이고 put on make up은 '화장하다'라는 의미이다.

She **puts on make up** every morning.	그녀는 아침마다 화장을 한다.
She **puts make up on** every morning.	그녀는 아침마다 화장을 한다.

영어에는 put on 할 수 있는 게 많다. 옷, 보석류, 향수, 신발 등 몸 위에 오는 것은 거의 다 put on 할 수 있다. 한국어로 옷을 입다, 벨트를 매다, 모자를 쓰다, 신발을 신다, 목걸이를 걸다, 반지를 끼다, 시계를 차다, 로션을 바르다는 다 put on 또는 wear로 표현하면 된다.

put on과 wear의 차이는, put on은 입는 동작을 나타낼 때, wear는 입은 상태를 나타내거나 일반적으로 표현하는 단어라는 점이다.

Put on your coat and go!	점퍼 입고 가!
He only **wears** shorts in the summer.	쟤는 여름에는 반바지밖에 안 입어.
Why are you **wearing** a jacket in the summer?	왜 너는 여름에 점퍼를 입고 있어?

22 Marry

marry라는 동사는 반드시 목적어를 필요로 한다.

I **married** my boyfriend of five years.	나는 5년 동안 사귀던 남자친구와 결혼했다.

목적어가 중요하지 않을 때는 be/get married라고 하라. be와 get의 차이점에 대한
규칙이 여기서도 해당된다. → chapter 2, 4번 참고.

I'm married.   나 결혼했어.

I got married last year.   나 작년에 결혼했어.

23 Maybe / I think

maybe는 '아마'로 번역되고 I think는 '…이겠지, …인 것 같다'로 번역된다. 이 두
단어의 차이는 확실성이다. maybe를 쓸 때는 50% 확실하거나 또는 50% 확실하지
않다는 의미이다. I think는 50%보다는 좀 더 확실한 것을 의미한다.

Maybe she's Korean.*   한국 사람일 수도 있어.
I think she's Korean.   한국 사람인 것 같아.

Maybe I'll go.   나 갈지도 몰라.
I think I'll go.   나 갈 것 같아.

She might be Korean.   한국 사람일 수도 있어.

*maybe는 might와 의미가 같다.

24   Normal price

'보통 가격'을 의미할 때는 average price라고 한다.

The **average price** of an Americano in Seoul is 4,000 won.	서울에서 아메리카노의 가격은 보통 4,000원이다.

average는 사람에 대해서도 쓰이는데, 다음과 같은 의미가 된다.

The **average** woman in Korea has one child.	보통 한국 여자는 아이를 한 명 낳는다.

25   Move house

'이사하다'를 move house로 번역하는 것이 한국 사람들의 습관인 것 같다. 하지만 맥락을 보면 move라고만 해도 듣는 사람이 충분히 이해할 것이다.

I'm **moving** this weekend so I've been packing all week.	나 이번 주말에 이사 가. 그래서 일주일 내내 짐을 싸고 있었어.

'새로운' 또는 '오래된' 집을 말할 때는 아래의 예문을 따르라.

I'm **moving out of** my parent's place.	부모님 집에서 나와서 이사 갈 거야.
I'm **moving to** a new place in Busan.	부산에 있는 새 집으로 이사 갈 거야.

26　Naughty

naughty를 사전에서 찾아보면 '버릇없는'이라는 의미가 제일 먼저 나온다. 그런데 사실 이 단어에는 요염하다거나 야하다는 의미가 담겨 있다.

My girlfriend is **naughty** in bed.　　내 여자친구는 침대에서 요염해.

야한 의미 없이 버릇없다는 내용을 전달하기 위해서는 disobedient('반항적인' 또는 '나대는') 혹은 mischievous('장난꾸러기인' 또는 '말썽꾸러기인')를 쓰자. 전자는 아이들한테만 쓰고 후자는 아이나 어른한테 모두 쓸 수 있다.

The mom scolded her **disobedient** son.　엄마가 반항적인 아들을 야단치셨다.

He had a **mischievous** look on his face.　장난꾸러기 같은 표정이 있었다.

27　Opposite

opposite은 동사가 아니다. 명사와 형용사이다. 그러므로 '나는 반대해'를 I opposite it으로 표현하는 것은 품사를 노골적으로 무시하는 것이다. 동사로 쓰고 싶으면 oppose를 써야 한다.

My parents **opposed** our getting married.　부모님이 우리가 결혼하는 것을 반대하셨어.

28 Oriental

동양 사람에 대한 인종차별의 뉘앙스가 있는 구식 단어이다. Asian이 일반적인 단어지만 민족성에 대해서 말할 때는 자세하게 표현하는 것이 좋다. 예를 들면 **Asian → East Asian → Korean** 등으로 말이다.

물건을 꾸밀 때는 인종차별의 의미가 없다. 예를 들어 oriental rugs가 그렇다.

29 Photo / Picture

대화할 때는 photo보다 picture를 더 많이 쓴다.

Let's take a **picture**.	우리 사진 찍자.

my picture와 a picture of myself는 완전히 다른 의미라는 것도 기억해 두자. my picture는 내가 '찍은' 사진이고 a picture of myself는 내가 '나온' 사진이다.

What happened to **my picture**?	내 사진 어디 갔어?
I don't want to see **a picture of myself**.	내가 나온 사진 보기 싫어.

take a picture와 be in a picture의 차이는 '사진을 찍다'와 '사진에 나오다'의 차이와 같다.

I prefer **taking pictures** than **being in them**.	나는 사진에 나오는 것보다 사진 찍는 것을 더 좋아해.
I don't look good **in pictures**.	나는 사진발이 잘 안 받아.

My friends **hung out** without me.	친구들이 나 없이 놀았다.
Do you want to **play** with me tonight?	오늘밤에 나와 뜨거운 밤을 보낼래?

30 Play

성적인 의미를 담고 있다는 사실을 잘 모르는 사람들이 잘못 이해하는 단어이다. 스포츠나 악기를 play하기는 하지만, 보통 친구들과 play하지는 않는다. 그것은 어린이들만 한다. 어른이 친구와 단순히 어울려 놀았다면 hang out이라고 표현하라. → chapter 3, 37번 참고.

I can **play** the piano.	나는 피아노를 칠 줄 안다.
I **play** soccer on Saturday mornings.	나는 토요일 아침마다 축구를 한다.

31 Poor

poor가 '불쌍하다'는 뜻을 가지고 있기는 하지만 특정 문맥에서만 그렇게 쓰인다.

Poor guy, he has no friends.	불쌍한 녀석, 걔는 친구가 없어.

우리말 '불쌍하다'를 영어로 표현할 때는 다음과 같이 한다.

He's **sad**.	그는 참 안됐다.
I **feel bad for** him.	그가 불쌍하다.
I **feel sorry for** him.	그가 불쌍하다.

poor는 '가난하다'라는 의미로 가장 자주 쓰인다.

He comes from a **poor** family. 그는 가난한 집 아이다.

<table>
<tr><td>32</td><td>

Revenge

</td></tr>
</table>

revenge는 엄밀히 말해 동사로도 쓰일 수 있지만 거의 그렇게 사용하지 않고 주로 take revenge on의 형태로, 즉 명사로만 쓰인다.

The girlfriend **took revenge on** her cheating boyfriend by cheating on him.
여자친구는 바람 피운 남자친구한테 바람 피우는 걸로 복수했다.

evenge(복수)와 같은 의미의 동사는 avenge(복수하다)이다. 그런데 두 단어의 용법에 차이가 있다. 위의 예문에서처럼 take revenge on 뒤에는 복수를 당하는 사람이 온다. 반면에 avenge의 목적어는 복수의 원인이 되는, 죄 없는 희생자이다.

I **avenged my brother** by killing his murderer.
형을 죽인 살해자를 죽이는 걸로 복수했어.

<table>
<tr><td>33</td><td>

Some

</td></tr>
</table>

예문을 통해 설명하는 편이 이해하기 쉬울 것이다. 일반적으로 some은 '미확인' 또는 '불특정'이라는 뜻을 가지고 있다는 점을 먼저 기억하자.

I went to **some** restaurant. 난 어떤 식당에 갔다.

We talked for **some** time. 우리는 몇 시간 동안 대화했다.

누 예문에서는 말하는 사람이 어느 식당에 갔는지, 얼마나 오래 얘기를 했는지 알 수 없다. 이런 의도로 말한 게 아니라면 더 명확한 형용사를 써야 한다.

I went to **a** restaurant.　　　　　　　난 식당에 갔다.

We talked for **a few** hours.　　　　　우리는 서너 시간 동안 대화했다.

일상 회화에서는 특별한 의미 없이 채우기용으로 some을 쓴다. 한국어로 제일 비슷한 단어는 '좀'이다.

Stop shopping and save **some** money.　쇼핑 그만하고 돈 좀 아껴.

위 예문의 some은 정확한 양이 명시된 것이 아니다. 한국어의 '좀'의 용법처럼 대화할 때 그냥 습관적으로 쓰는 말이다. '좀'이 없으면 문장의 의미가 달라지는가? 분명히 그렇지 않다. 그렇다고 '좀'이 있다고 크게 의미가 바뀌는 것도 아니다. 공식적인 글을 쓸 때는 채우기용으로 some을 쓰지 마라. 대화할 때는 너무 자주 쓰여서 사용 안 하는 게 거의 불가능하다.

채우기용으로서의 some은 오직 불가산 명사와만 쓸 수 있다는 사실도 잊지 말자.

I need to get **some** sleep.　　　　　나 잠 좀 자야 돼.

34 Strange person

strange person은 '이상한 사람'을 가리키므로, '모르는 사람'은 stranger라고 표현한다. stranger는 acquaintance(지인)가 될 수도 있고 나중에는 friend가 될 수도 있다. stranger→acquaintance→friend.

Koreans are uncomfortable talking with **strangers**.	한국 사람들은 모르는 사람과 말하는 것을 불편해 한다.
Making small talk with **acquaintances** is a hassle.	지인들과 한담하는 것이 귀찮다.
Everyone needs **friends**.	누구나 친구가 필요하다.

35 Suicide

suicide는 명사이고, 동사 commit과 함께 쓴다. 절대로 do suicide라고 하면 안 된다. I want to kill myself는 비격식적인 표현이고 농담으로도 가끔씩 쓴다.

People without hope **commit suicide**.	희망이 없는 사람들은 자살을 한다.
When he starts bragging about his son, **I want to kill myself!**	그가 자기 아들 자랑을 할 때, 난 미칠 것 같아. 죽겠다!

이 규칙은 crime에도 해당된다. do crime이 아니라 commit crime이다.

What **crime** has he **committed**?	그가 무슨 죄를 지었는데?

36

Take after

'닮다'라는 뜻인데, 서로 직계 혈연인 경우에만 쓰인다. 즉 이모나 삼촌을 take after 할 수는 없고 할아버지를 take after 할 수는 있다. take after에는 외모만 아니라 성격도 포함된다.

He **takes after** his dad; they're both very sociable.

그는 아빠를 닮았어. 둘 다 사람들과 잘 어울려.

외모만 말할 때는 혈연관계와 상관없이 look like를 쓰자.

He **looks** exactly **like** his brother.

그는 형하고 꼭 닮았어.

Visit

우리말 '방문하다'와 달리 장소보다 사람을 중시하는 단어다. 즉 친구의 아파트를 visit 하는 것이 아니라 친구를 visit 한다.

My friend came to **visit me** at my place.

친구가 내 집에 방문하러 왔어.

I **visited my parents** in China.

부모님을 방문하러 중국에 갔다 왔어.

38 What about, How about, How was

what about은 이야기하고 있는 주제에 대해서 새로운 point를 꺼낼 때 쓴다.

A: I really like French food.

B: **What about** Korean food?

A: I like Korean food, too.

A: 나 프랑스 요리 좋아해.

B: 한국 음식은 어때

A: 한국 음식도 좋아해.

how about은 what about과 의미와 용법이 똑같다.

A: I can't find a shirt I like.

B: **How about** this one?

A: It's pretty, but it's too expensive.

A: 마음에 드는 셔츠가 안 보여.

B: 이건 어때?

A: 예쁘긴 한데 너무 비싸.

how about은 제안을 할 때도 쓴다.

A: What do you want to do tonight?

B: **How about** going to the movies?

A: 오늘 밤에 뭐 하고 싶어?

B: 극장에 가는 건 어때?

how was는 화자가 얘기하고 있는 내용의 그 당시 상황에 대해 물어볼 때 쓴다. 이 질문에는 good 또는 bad라고 답한다.

A: I had a date last night.

B: **How was it?**

A: Good! We're seeing each other again tomorrow.

A: 어제 데이트 했어.

B: 어땠어?

A: 좋았어! 내일도 만날 거야.

39 Why not?

두 개의 다른 의미가 있는 질문이다. 우선 아래 예문처럼 직설적으로 물어볼 때 사용할 수 있다.

A: I don't want to talk about it.
B: **Why not?**

A: 그것에 대해서 말하기 싫어.
B: 왜 싫어?

다른 경우는 안 할 이유가 없음을 명쾌하게 표현하는 반어적 의문이다.

A: Do you want to have lunch? My treat!
B: **Sure, why not!**

A: 밥 먹을래? 내가 쏠게!
B: 좋아! 안 갈 이유가 없지.

A: Why do you want to travel abroad?
B: **Why not?** I'm on vacation anyways.

A: 왜 해외여행을 하고 싶니?
B: 어차피 휴가 중인데, 그럼 여기서 뭘 하겠어?

40 Years, Years old

I am seven years라고 말하면 절대로 안 된다. 왜냐하면 그것은 '나는 칠년이다'라는 의미이기 때문이다. 아래 예문들이 몇 살인지 말하는 가장 좋은 방법들이다.

I am **seven years old**.

나는 일곱 살이다.

I am **seven**.

나는 일곱 살이다.

I am a **seven-year-old**.

나는 일곱 살 난 아이다.

41 Yield

yield의 대표적인 의미가 '양보'라고 생각하는 한국 사람들이 많다. 그래서 우리말 '양보'를 일단 yield로 옮기는 경우가 생긴다. 하지만 한국어 '양보'에는 서로 다른 3가지 의미가 있으며, 영어로는 모두 다르게 번역된다.

우선 가장 널리 쓰이는 뜻은 '자리, 물건, 따위를 사양하여 남에게 미루어줌'이다. 이런 의미일 경우 give up을 쓸 수 있다.

Even though she was tired, the young woman **gave up** her seat for the pregnant woman.	피곤함에도 불구하고, 그녀는 임신부를 위해 자리를 양보했다.

둘째는 '자기의 주장을 굽혀 남의 의견을 좇음'이라는 뜻이다. 이런 상황에서는 budge 또는 give way를 쓸 수 있다. 다만 budge는 부정적인 맥락으로 쓰고, give way는 긍정적인 맥락으로 쓰는 점이 다르다.

Neither Korea nor Japan will **budge** about Dokdo.	한국이나 일본 모두 독도에 대해서 양보하지 않는다.
After hours of argument, one side **gave way.**˙	몇 시간 동안 말싸움을 한 후 한 쪽이 양보했다.

셋째, '남을 위하여 자신의 이익을 희생함'이라는 의미인데, 영어로는 다음과 같이 표현한다.

Parents **put** their children's **needs before** theirs.	부모님들은 자식을 위해서 양보를 한다.

이 세 가지 뜻에 꼭 맞지 않는 경우에는 let이 많이 유용할 것이다.

Let him do it this time.	이번에는 네가 양보해라.
Rather than fighting over the last slice of pizza, I **let** my little brother **have** it.	동생과 마지막 피자 한 조각 가지고 싸우는 대신, 내가 양보했어.

yield의 뜻은 다양하지만 대부분 일반 회화에서는 쓰지 않는다. yield라는 표현을 가장 많이 접하게 되는 곳은 도로의 교통 표지판이다. 그리고 이것이 yield가 '양보'를 뜻하는 유일한 경우이다.

The driver **yielded** to the pedestrian at the crosswalk.	운전자가 보행자에게 횡단보도에서 길을 양보했다.

°give way와 '양보'에는 작은 차이가 있다. 전자는 마지못해 하는 것이고, 후자는 자진해서 하는 것이다.

---

42 10 or / to 20

10 or 20 minutes는 '10분 아니면 20분'이다. 10 to 20 minutes는 '10분에서 20분 사이'이다.

He said that 10 **or** 20 people are coming.	그가 10명 아니면 20명이 온다고 말했어.
I will be there in 10 **to** 20 minutes.	10분에서 20분 사이에 도착할 거야.

1990's

1990's는 1990~1999년을 의미한다. nineteen nineties라고 읽거나 줄여서 nineties라고도 말한다. 좀 더 자세하게 말하고 싶으면 early, mid 아니면 late를 앞에다 붙여 쓴다. 달에 대해서 말할 때도 마찬가지다.

The Gwangju Uprising occurred in the **early 1980's.**	광주민주항쟁은 1980년대 초에 발생했다.
He was born in **mid-November.**	그는 11월 중순에 태어났다.

Chapter 3

자주 틀리거나 설명이 필요한 어법

우리말을 하면서도 `다르다`와 `틀리다`를 헷갈리는 사람들이 적지 않다. 영어에서는 당연히 이런 혼동이 더 많이 발생한다. 한국인들이 가장 자주 헷갈리는 단어들을 살펴 보자.

1 Agree on, Agree with

문제에 대해서는 agree on 하고 사람에 대해서는 agree with 한다.

We **agreed on** what to do about
the problem.

우리 문제에 대해서 어떻게 할지
동의했어.

They never **agree with** each other
about anything.

그들은 무엇에 대해서나 서로 동의를
하지 않는다.

2 Another, Other

여러 가지 용법이 있는 단어들이다. another는 우선 '여러 가지 가운데 하나 더'라는
의미일 수 있다.

I want **another** piece of cake.

케이크 한 조각 더 먹을래.

another는 other(다른)의 단수형이다. another + 단수 명사, other + 복수 명사.

We need **another** person for the
soccer team.

축구팀에 사람 한 명이 더 필요해.

Don't worry about **other** people.

다른 사람들 걱정하지 마.

others는 other people(다른 사람들)로 바꿔 사용할 수 있다.

Others (Other people) don't know
you as well as I do.

다른 사람들은 내가 너를 아는 만큼은
몰라.

the other는 '둘 가운데 나머지 하나'라는 뜻이다. 두 개 혹은 두 명일 때만 쓴다.

Let me see **the other** hand.	다른 쪽 손 줘봐.
When one person talks, **the other** person should listen.	한 사람이 말을 하면, 상대방은 들어야 한다.

the others는 '나머지 사람/물건들'이라는 뜻이다.

I have three friends. One is Korean and **the others** are American.	나한테 친구 3명이 있는데, 한 명은 한국 사람이고 나머지는 미국 사람들이야.

the others와 others의 차이는 '나머지'와 '다른'의 차이와 같다. 한 그룹 안에 있는 것들 중 언급되지 않은 '나머지'들이 the others이다. 어떤 경계나, 무리가 명시되지 않은 것들 중에서 '다른' 것들은 others이다.

I only like action movies. **Others** are boring to me.	나는 액션 영화만 좋아해. 다른 영화들은 나한테 지루해.
There's one movie I want to watch in theaters right now. **The others** aren't for me.	극장에서 보고 싶은 영화가 하나뿐이야. 나머지는 내 스타일이 아니야.

3 Another person, Someone else

이 두 가지 표현이 헷갈리는 이유는 둘 다 '다른 사람'으로 잘못 번역되기 때문이다. another person은 '한 명 더'라는 뜻이고, someone else는 '너 말고 다른 사람'이라는 뜻이다. 한 가지 기억할 것은 두 경우 모두 단수로 취급한다는 점이다.

He loves his wife, but he also loves **another** woman.	그는 아내를 사랑하지만 또 다른 사랑하는 여자가 있다.
I don't love you anymore. I love **someone else**.	나는 너를 더 이상 사랑하지 않아 다른 사람을 사랑해.

He's lazy and stupid. We need to find **someone else**.

그는 게으르고 멍청해. 우리에겐 (그 말고) 다른 사람이 필요해.

We need **another person** to work on Friday nights.

금요일 밤에 일할 사람이 한 명 더 필요해.

Appointment, Meeting, Promise, Plans, Schedule

appointment는 스케줄이 잡힌 미팅이다. 대부분 가고 싶어서 가는 게 아니라 가야 되기 때문에 가는 것은 appointment이다.

I have a doctor's **appointment** later today.

나 이따가 병원에 예약이 있어.

meeting은 구체적인 이유가 있는 만남이다. '회의'와 제일 비슷하다.

I have a business **meeting** at nine o'clock.

난 아홉 시에 업무 회의가 있어.

promise는 '약속을 하다', '약속을 지키다'라고 할 때 쓰는 단어다. promise는 동사로도 쓰이고 명사로도 쓰인다.

I **promise to** buy you a birthday present.*

내가 생일 선물 사주기로 약속할게.

You **kept your promise**! Thank you!

약속 지켰네! 고마워!

Why did you **break your promise**?

왜 약속을 어겼어?

plans는 재미있는 약속이다. 친구들과의 약속에 대해 말하는 경우에는 아래에 있는 예문을 써라.

I have **plans** with a friend tonight.

오늘 친구와 약속 있어.

| I'm **drinking** with a friend tonight. | 오늘 친구와 술 약속 있어. |
| My friend and I **are going out for drinks** tonight.** | 오늘 친구와 술 약속 있어 |

schedule은 '일정'으로 해석될 수 있다. 하지만 '나 내일 일정이 있어'는 흔한 문구이나 I have a schedule tomorrow는 옳지 않다.

| A: What's your **schedule like** tomorrow? | A: 너 내일 스케줄 어때? |
| B: I have to run errands all day. | B: 하루 종일 볼일 봐야 돼. |

➡ chapter 4, 4번 참고.

*to make a promise와 promise는 같다.
**영어에는 '술 약속'이라는 말은 없다.

5 Artificial, Man-made

많은 상황에서는 둘 다 '인공'이라는 뜻이 된다.

| Lake Soyang is an **artificial** lake in Chuncheon. | 소양호는 춘천에 있는 인공 호수이다. |
| Lake Soyang is a **man-made** lake in Chuncheon. | 소양호는 춘천에 있는 인공 호수이다. |

때로는 아래와 같이 습관적으로 다른 것보다 선호되어 사용되는 경우도 있다.

| Artificial intelligence | 인공 지능 |
| Artificial insemination | 인공 수정 |

artificial은 '인공' 또는 '가짜'라는 의미를 가지고 있다. 그래서 artificial과 man-made 의 차이를 확실히 하지 않으면 혼란과 중복된 표현을 야기할 수 있다.

| **Artificial** leather | 가짜 가죽 |
| **Man-made** leather | 인공 가죽 |

man-made leather는 불필요한 표현이다. 왜냐하면 모든 가죽은 사람이 만들기 때문 이다. '인공'이라고 말하고 싶을 때는 man-made라고 하고, '가짜'라고 하고 싶으면 artificial이라고 하라.

6 Athlete, Athletic, Athletics, Athleticism

athlete은 athletic한 사람이고 athleticism이 있으며 athletics로 고용되어 있다.
다시 말해서

athlete	운동선수
athletic	운동 실력이 있는 또는 몸이 탄탄한
athleticism	운동 경기
athletics	운동

He's so **athletic** that he could be an **athlete**.

그는 운동 실력이 좋아서 운동선수가 될 수 있을 것 같아.

His **athleticism** led him to a career in **athletics**.

그의 운동 경기 때문에 직업적으로 운동하게 되었다.

7 Autograph, Signature

전자는 유명한 사람들을 대상으로 주로 사용한다.

May I get your **autograph**?	싸인 받아도 될까요?
I need your **signature** here.	여기에 서명이 필요합니다.
또는	
Please **sign** here.	여기에다 싸인해 주세요.

8 Believe, Trust

많은 상황에서 이 두 단어를 병용할 수 있지만 항상 그렇지는 않다. believe는 특정 상황에 대해 말할 때 쓰고 trust는 일반적인 상황에 대해 말할 때 쓴다.

I **believe** my friend because his story is plausible.	나는 친구의 이야기가 타당해서 믿는다.

친구가 솔직하지 않은 사람일 수도 있지만 그의 이야기가 사실인 것 같으면 그를 believe 한다고 말한다. 이것은 오직 그 순간 그가 말하는 것만을 믿는 경우이다.

I **trust** my friend because he never lies.	나는 친구가 거짓말을 하지 않아서 믿는다.

이 상황에서는 친구가 솔직한 사람이다. 그동안 그가 말하는 것을 믿지 않을 이유가 없을 정도로 솔직한 사람이므로 그를 영구적으로 trust 한다.

People **believe** their friends are good people, but they will never **trust** them with their money.	사람들은 자기 친구들이 좋은 사람이라고 믿지만, 돈 문제도는 신뢰하지 않는다.

believe 하는 것은 위험 요소가 거의 없다고 볼 수 있다. 친구가 안 좋은 사람이라는 걸 알게 되면 위험 요소가 있는 행동을 할 이유가 없다. trust는 전적으로 믿는 것을 말한다. 돈을 돌려받을 것이라는 확신이 있어야만 돈을 빌려주는 것이다.

believe나 trust 뒤에 in을 쓸 경우가 있다. 이런 경우는 믿는 것이 실체가 있는 것이 아닌 컨셉트이거나 아이디어일 때다. 단, 이야기는 구체적인 것이다. 신, 자유, 교육은 구체적인 것이 아니라 idea이다. 아래 예문을 보라.

I **believe in** God.	나는 신이 존재한다고 믿는다.
I **trust in** God.	나는 신이 잘해줄 것이라고 믿는다.

내가 신을 believe in 하면 신이 존재한다는 것을 믿는다는 의미이고, 신을 trust in 하면 그가 나한테 잘해주리라고 믿는다는 의미이다. 사람도 역시 believe in 할 수 있다.

Good luck on your exam! I **believe in** you!	시험 잘 봐! 네가 잘할 거라고 믿어!

여기서는 그 사람이 존재하는지 안 하는지의 문제가 아니다. in을 쓰는 이유는 그 사람의 능력을 믿기 때문이다.

believe와 trust를 구별하기 어려울 때가 많다. 영어로 된 문장을 많이 읽어서 바른 사용법을 익히는 것이 바람직하다.

9 Birth, Be born, Give birth

birth	탄생
be born	태어나다
give birth	아이를 낳다

Christmas celebrates the **birth** of Jesus.　크리스마스는 예수의 탄생을 기념한다.

Jesus **was born** in a manger.　예수는 여물통에서 태어났다.

Mary **gave birth** to Jesus.　마리아는 예수를 낳았다.

10 Blah blah blah, Etc.

blah blah blah는 지루함과 무관심을 내포한다. 그렇지 않고 단순히 생략하려면
et cetera라고 말하라. 미국 사람은 습관적으로 blah를 세 번 되풀이한다.

A: I hate it when my mom nags
　at me.
B: What does she nag about?
A: Go to church, get married,
　blah, blah, blah.

A: 엄마가 나한테 잔소리하는 게 정말
　싫어.
B: 뭐에 대해서 잔소리하시는데?
A: 교회가라, 결혼해라, 어쩌고저쩌고.

글을 쓸 때는 etc로 줄여서 쓴다. 절대로 글자 하나씩 E.T.C.로 읽으면 안 된다.
미국 사람은 습관적으로 목록을 다 말하기 너무 길거나 귀찮을 때 et cetera를 두 번
되풀이한다.

Women need to carry around a lot of
things like make up, perfume,
tampons, **etc.**

여자는 가지고 다닐 게 많아. 예를 들면
화장품, 향수, 탐폰 등등.

I'm so busy today. I have to go to
hagwon, go grocery shopping,
etc., etc.

나 오늘 너무 바빠. 학원 갔다가,
장 보고, 이것저것 해야 해.

11

Book, Reserve

book과 reserve는 개인적 선호에 달려 있는 표현이다.

I **reserved** a table for dinner.　　　저녁 예약했어.

I **booked** a table for dinner.　　　저녁 예약했어.

reserve의 명사형인 reservation을 쓰는 경우도 많다.

I **made a reservation** at a restaurant.　식당에 예약했어.

We **have a reservation** at a restaurant.　식당에 예약이 있어.

Borrow, Lend

동사의 의미보다 용법이 한국인들을 더욱 혼란스럽게 하는 경우이다.

borrow　　빌리다
lend　　　빌려주다

lend는 '주어 + 동사 + 간접목적어 + 목적어' 문장의 구조를 따른다.

I **lent** him my dress shoes.　　　나는 그에게 구두를 빌려줬어.

My friend **lent** me a thousand dollars.　친구가 나에게 천 달러를 빌려줬어.

borrow는 약간 더 복잡하다. 돈에 대해서 이야기할 때는 money 또는 금액이 목적어가 되면서 뒤에 from이 붙는다(주어 + 동사 + 목적어 + 간접목적어).

I **borrowed** a lot of money from him last year.

작년에 그한테서 돈을 많이 빌렸어.

I **borrowed** a thousand dollars from my friend.

내가 친구한테서 천 달러를 빌렸어.

돈이 아닌 다른 것에 대해서 말할 때는, 누구의 무엇을 borrow 했는지 말해야 한다.

He **borrowed** my textbook.

그가 내 교과서를 빌렸어.

I **borrowed** his textbook.

내가 그의 교과서를 빌렸어.

→ chapter 3, 36번 참고.

13 Boy, Girl

성인이 아닌 사람들을 의미한다. 어른들을 의미할 때는 **men** 또는 **women**이라고 해야 한다. 하지만 아주 많은 예외들이 있다. 대부분 대화에서 사용되는 것들로, 예를 들면 girlfriend, pretty boy(꽃미남) 등이다.

14   Brochure, Flier, Pamphlet

'팸플릿'의 종류이긴 하지만 다 조금씩 차이가 있다.

brochure는 광고할 때 쓰는 소책자이다.

> I never travel but I collect travel **brochures.**

> 나는 여행은 안 하지만 여행 팸플릿은 모아.

flier는 행사, 제품 또는 서비스를 광고하는 한 장의 종이로, '전단지' 또는 '광고지'와 제일 비슷하다.

> I saw a **flier** for a new gym in my neighborhood. I think I'll join.

> 우리 동네에 새로 헬스장이 열렸다는 전단지 봤는데 나 등록할까봐.

pamphlet은 어떤 주제에 대한 정보나 주장이 들어 있는 출력물을 말한다.

> They were handing out anti-Park Guen-hye **pamphlets** at the park.

> 박근혜에 반대하는 내용의 팸플릿을 공원에서 나눠주고 있었다.

15   Can't help it, Can't stand it

can't help it은 무엇을 하고 싶은 충동을 억제하지 못할 때 쓰인다.

> A: Why did you steal the laptop?
> B: I **couldn't help it.** I'm a kleptomaniac.

> A: 너 노트북 왜 훔쳤어?
> B: 어쩔 수 없었어. 난 도벽이 있어.

can't stand it은 특정인이나 무언가를 매우 싫어할 때 쓰인다.

> My English teacher talks endlessly about himself. I **can't stand it!**

> 우리 영어 선생님이 끝없이 자기 얘기만 해. 못 참겠어!

16

Clean, Clean up, Clean out

clean과 clean up의 차이는 목적어이다. 장소를 clean 하는 것이고, 지저분하거나 더러운 어떤 대상은 clean up 한다.

Clean the bathroom. 화장실을 청소해.

Clean up the mess in the living room. 거실에 어지럽힌 거 치워라.

clean out은 '청소하기 위해 안에 있는 것을 모두 끄집어내다'라는 뜻이다.

I spilled the kimchi in the fridge so 냉장고 안에 있는 김치를 쏟아서 냉장고
I have to **clean** it **out.**[*] 안을 청소해야 해.

➡ chapter 3, 102번 참고.

[*]fridge는 refrigerator를 줄여 쓴 것이다.

17

Colleague, Coworker

colleague는 직업이 같거나 함께 사업을 하는 사람이다. **coworker**는 같은 곳에서 일을 하는 사람이다.

18 Collect, Gather

우선 두 단어 모두 '모으다'라는 뜻으로 사용할 수 있다. 의미나 용법이 같다.

The class monitor **collected** all the tests.	반장이 시험지를 모두 모았다.
The class monitor **gathered** all the tests.	반장이 시험지를 모두 모았다.

gather는 '모이다'라는 의미로도 쓰이는데 collect에는 그런 의미가 없다.

A crowd **gathered** around the fighting couple.	사람들이 싸우고 있는 커플 주위에 둥글게 모였다.

collect에는 '(취미로 무엇을) 수집하다'라는 뜻이 있다.

I like to **collect** old maps.	나는 오래된 지도를 수집하는 것을 좋아해.

collect는 '수집하다'라는 의미로 쓰고 gather는 '모으다' 또는 '모이다'라는 의미로 사용하면 혼동을 피할 수 있다.

19 Continually, Keep

전자는 대화에 쓰기에는 어색하니 후자를 쓰자.

I continually asked him.	→	I **kept** asking him. (나는 그에게 계속 물어봤다.)

20 Cover, Skin

cover는 무기물질을 말할 때 쓰고, skin은 유기물질을 말할 때 쓴다.

Where did the **cover** for this pot go?	이 냄비 뚜껑 어디 갔어?
People say don't judge a book by its **cover**, but is that really possible?	겉을 보고 속을 판단하지 말라고 하지만 실제로 그게 가능할까?
His **skin** is rough from manual labor.	그는 막노동을 하다 보니 굳은살이 많아.
My mom always said that the **skin** of the apple is the most nutritious.	엄마는 사과의 껍질에 영양이 제일 많다고 항상 말씀하셨어.

21 Crime, Sin

crime은 법에 반하는 것이고, sin은 신에 반하는 것이다.

Crime and Punishment	죄와 벌
Drinking is a **sin** in Islam.	이슬람교에서는 술을 마시는 것이 죄이다.

22 Dangerous, Be in danger

dangerous한 것은 확실히 위해를 유발하는 것이고, be in danger는 위해를 당할 가능성을 의미한다.

Rat poison is **dangerous**.   쥐약은 위험하다.

If you take it, your life will **be in danger**. 먹으면 생명이 위독해질 수 있다.

23 Date

date의 명사형은 한국어의 '데이트'를 말하고, 동사는 '사귀다'라는 뜻이다.
→ chapter 3, 24번, 37번 참고.

A: Why are you so dressed up today?   A: 오늘 왜 그렇게 차려 입었어?

B: I have a **date** after work!   B: 일 끝나고 데이트 있어!

We have been **dating** for two months. 우리는 사귄 지 두 달이 되었다.

24

Day, Date

day   요일, 날
date   날짜

What **day** is the 15th?   15일이 무슨 요일이지?

What **date** is next Friday?   다음 주 금요일이 며칠이야?

I had a hangover the next **day**.   나는 그 다음 날에 숙취가 있었다.

I started studying the **day** before my   나는 시험 전날 공부하기 시작했어.
test.

→ chapter 3, 23번 참고.

Delay, Postpone, Put off

모두 '연기하다' 또는 '미루다'라고 번역된다. delay와 postpone은 대부분 수동태로
쓰이고, put off는 능동태로 쓰인다.

delayed 된 이유는 누군가 또는 무엇인가가 늦어서 연기된 것이다.

The boss was late so the meeting was   상사가 늦어서 회의가 15분
delayed for 15 minutes.   연기되었다.

postponed 된 것은 스케줄을 다시 잡았다는 의미이다.

The boss was sick so the meeting was   상사가 아파서 회의가 다음 주로
postponed until next week.   연기되었다.

put off는 하기 싫어서 미룬다는 의미이다.

People **put off** going to the dentist because it's a hassle.

사람들은 귀찮아서 치과에 가는 것을 미룬다.

26 Die, Dead

die 죽다
dead 죽어 있다, 죽은 상태

Two people **died** in a car accident.

교통사고로 두 명이 죽었다.

They were **dead** before the ambulance arrived.

구급차가 도착하기 전에 그들은 죽어 있었다.

27 Don't, Can't

don't는 하고 싶은 마음이 없는 것이고, can't는 능력 또는 가능성이 없는 것이다. 대부분 구별하기 쉽다.

I **don't** watch TV.

나 TV 안 봐.

I **can't** watch TV.

나 TV 못 봐.

그렇지만 구별하기가 어려울 때도 있다.

I **don't** remember.   기억이 안 나.

I **can't** remember.   기억을 못 하겠어.

첫 번째 예문에서는 화자가 기억하려고 노력을 안 한 것이다. 두 번째 예문에서는 화자가 노력은 했지만 기억이 나지 않는 것이다. 대체로 능력이 있지만 안 할 때는 don't를 쓰고, 불가능할 때는 can't를 쓴다.

28　Drunk, Drunken

drunk는 술을 너무 많이 마신 사람의 상태를 나타내는 것이고, drunken은 그 외 모든 것을 표현한 것이다. ➡ chapter 1, 15번 참고.

Two **drunk** men got into a **drunken** fight.　술 취한 남자 둘이 술김에 싸웠다.

29　Eat out, Eat outside

eat out는 외식한다는 뜻이고, eat outside는 실외에서 먹는다는 뜻이다.

I don't want to cook tonight. Let's **eat out**.   오늘은 밥하기 싫어. 외식하자.

It's finally spring! Let's **eat outside** at the park!   드디어 봄이다! 우리 공원에서 먹자!

식당에서 무엇을 먹는지 말하려면 아래 예문을 따르면 된다.

My family and I **went out for** pizza.　　　가족과 함께 피자 먹으러 외식을 했다.

➡ chapter 3, 37번 참고.

30　Eavesdrop, Overhear

모두 '엿듣다'로 번역되지만, 차이는 의도에 있다. eavesdrop은 의도적으로 엿듣는 것이고, overhear는 의도적이지 않지만 엿듣게 된 것으로 주로 accidentally와 함께 쓰인다.

Nosy people like to **eavesdrop on** other people's conversations.

남의 일에 참견하기 좋아하는 사람들은 다른 사람들의 대화를 엿듣는 것을 좋아한다.

I accidentally **overheard** that they were dating.

나는 그들이 사귄다는 것을 우연히 엿들었다.

31　Embarrassed, Ashamed

다른 사람들에게 피해를 주지 않는 실수를 하면 embarrassed 하고, 망신스럽고 피해를 주는 짓을 하면 ashamed 한다.

I was **embarrassed** about crying in front of strangers.

모르는 사람들 앞에서 울다니, 창피했다.

He should be **ashamed** for hitting his girlfriend.

여자친구를 때렸다는 사실은 부끄러운 일이다.

32 Envy, Jealousy

envy와 jealous의 차이는 강도이다. envy는 내가 가지고 싶은 것을 남이 가져서 배가 아픈 것을 표현할 때 적합하다. jealous는 남을 싫어하거나 미워하는 감정이 있을 때 적합하다. 달리 이야기하면, 다른 여자의 아름다움은 단순히 envy 하지만, 남편이 그 여자와 사랑에 빠지면 jealous 할 것이다. → chapter 1, 18번 참고.

I am **envious** of his wealth.

그 사람이 돈이 많아서 배가 아프다.

I am **jealous** of his wealth.

그 사람이 돈이 많아서 매우 싫다.

33 First, At first, For the first time

first를 어디에 붙이는지에 따라 의미가 바뀐다.

first + 동사 = 처음 / 동사 + first = 먼저

I **first** won the lottery ticket when I was 18.

내가 18살 때, 처음 복권에 당첨됐어.

If you want to win the lottery, buy a lottery ticket **first**.

복권에 당첨되고 싶으면, 먼저 복권을 사.

at first와 for the first time은 문장의 맨 앞 아니면 맨 뒤에 쓴다.

At first no one knew who Psy was.

처음에는 싸이가 누구인지 아무도 몰랐다.

For the first time a Korean singer became a household name worldwide.

처음으로 한국 가수가 세계에서 유명한 사람이 되었다.

34 Foreign, Foreigner

foreign   외국의
foreigner 외국인

Foreign cars are a status symbol in Korea.

한국에서 외제차는 지위의 상징이다.

Foreigners stand out in a homogenous society.

외국인들은 단일민족국가에서 눈에 띈다.

35 Fun, Funny

재미있을 때에는 fun이고, 웃길 때에는 funny이다.

I had **fun** with my friends.

친구들과 재미있게 놀았어.

A good comedian is a **funny** comedian.

개그맨은 반드시 웃겨야 한다.

have fun과 be fun은 다르다. have fun은 '재미있게 놀다'라는 의미이고, be fun은 '재미있다'라는 의미이다.

I **had fun** at the party.	나는 파티에서 재미있게 놀았어.
The party **was fun.**	파티가 재미있었어.

36 Get back, Give back

get back   돌려받다
give back   돌려주다

A: Did you **get back** the jacket be borrowed from you?	A: 너 걔가 너한테 빌린 점퍼 돌려받았어?
B: Yeah, he finally **gave** it **back** to me.	B: 응, 드디어 돌려줬어.

돈 이야기를 할 때는 give back 대신 pay back이라고 쓰는 게 더 자연스럽다.

When are you going to **pay** me **back**?	너 돈 언제 갚을 거야?

➡ chapter 3, 12번 참고.

37 Go outside, Go out

eat outside와 똑같이 go outside도 실외로 나간다는 의미이다. go out는 외출한다는 뜻이다. ➡ chapter 2, 30번 / chapter 3, 29번 참고.

I'm **going outside** for some fresh air. 나가서 바람 좀 쐬고 올게.

He **goes out with** his friends every Friday. 그는 금요일마다 친구들과 논다.

Let's **go out** for dinner tonight. 오늘밤 외식하자.

go out은 '사귀다'라는 뜻도 있다. ➡ chapter 3, 23번 참고.

I'm **going out with** someone these days. 나 요즘 사귀는 사람 있어.

38 Go to bed, Go to sleep

go to bed는 잠자리에 든다는 의미이다. go to sleep은 잠이 드는 것을 말한다.

I **went to bed** early, but the novel was so fun that I didn't **go to sleep** until late. 나는 일찍 잘 준비를 했지만, 소설이 너무 재미있어서 늦게까지 잘 수 없었다.

대부분 상황에서는 fall asleep과 go to sleep을 같은 의미로 쓸 수는 있지만, fall asleep은 의도적이지 않을 때 쓰인다.

Stop using your phone in bed and **go to sleep**! 침대에 누워서 전화 그만 쓰고 빨리 자!

I accidentally **fell asleep** with the lights on. 나는 모르고 불을 켜 놓고 잠들었다.

wake up과 get up은 약간 다른 상황을 말한다. 알람이 들리는 순간 wake up 하는 것이고, 시계의 버튼을 누른 후 get up 하는 것이다.

I **wake up** at 7 in the morning but **get up** 10 minutes after that.	나는 아침 7시에 깨지만 10분 후에 일어난다.

39 Gossip, Rumor

gossip은 남에 대한 온갖 이야기를 다 하는 것을 의미하고, rumor는 어떤 특정한 것이나 상황에 대한 소문을 의미한다.

People like to **gossip** about their neighbors.	사람들은 그들의 이웃에 대해서 뒷담화하는 것을 좋아한다.
There was a **rumor** that Obama was a Muslim.	오바마가 무슬림이라는 소문이 있었다.

40 Grow up, Bring up, Raise

아이가 grow up 하고, 부모님이 아이를 bring up 또는 raise 한다.

The ugly girl **grew up** to be a beautiful woman.*	못생긴 아이가 커서 아름다운 여자가 됐다.
My dad **brought** me **up** after my mom passed away.	아버지께서 집을 나가신 후 어머니께서 나를 혼자 키우셨다.
After my father left, my mother **raised** me by herself.	어머니께서 돌아가신 후 아버지께서 나를 키우셨다.

*grow는 단지 신체적인 성장을 의미하고, grow up은 몸이 성장하고 정신적으로 철도 드는 것을 의미한다.

Bamboo plants **grow** quickly. 　　　　　대나무는 빨리 자란다.

41

Gym, Gymnasium

gym　　　　헬스클럽
gymnasium　체육관

I go to the **gym** 　　　　　　　　　　나 헬스 다녀.

I work out at the **gym**.* 　　　　　　나는 헬스클럽에서 운동해.

Gymnasts train at the **gymnasium**. 　체조 선수들은 체육관에서 훈련한다.

*work out은 보통 아령으로 하는 근력 운동(웨이트 트레이닝)을 의미한다.

Hard, Hardly

부사로 쓰일 때의 hard는 열심히 한다는 뜻이다.

Think **hard**. 　　　　　　　　　　　잘 생각해 봐.

Look **hard** at the picture. 　　　　　사진을 자세히 봐.

Work **hard** and play **hard**. 　　　　열심히 일하고 열심히 놀아.

Please try **harder**. 　　　　　　　　더 열심히 노력하세요.

hard를 사용하는 것이 문법적으로 맞지만, 실제로는 hard를 쓰는 것이 어색해서 다른 단어를 사용하는 경우가 있다. 예를 들어 'I eat hard(열심히 먹는다)'는 문법적으로 옳지만, 아무도 그렇게 말을 하지는 않는다. 오른쪽에 있는 예문처럼 말하는 게 낫다.

I eat hard.	→	I eat enthusiastically.
	→	I eat a lot.
Listen hard.	→	Listen carefully.
Speak hard.	→	Speak passionately.

hardly의 많은 뜻 가운데 가장 자주 쓰이는 것만 설명하자면, hardly는 can이나 could와 함께 써서 '거의… 아니다[없다]'라는 의미가 된다. 그런데 이때 can, could가 반드시 들어가는 것은 아니다.

You changed so much! I **can hardly** recognize you!	너 너무 많이 바뀌었어! 거의 못 알아볼 뻔했어!
He **hardly** speaks any English.	그는 영어를 거의 못 해.

회화에서 hardly는 barely와 교체할 수 있다. 왼쪽과 오른쪽에 있는 예문들의 의미는 같다.

I can **hardly** recognize you!	I **barely** recognize you!
He **hardly** speaks any English.	He **barely** speaks any English.

43 Hear, Listen

hear와 listen의 차이는 see와 look의 차이와 같다. hear는 의도가 없고 listen 하려면 의도가 있어야 한다. → chapter 3, 83번 참고.

I **heard** a couple having an argument next door.	옆집 부부가 싸우는 소리가 들렸다.
I **listened to** what they were fighting about.	나는 그들이 왜 싸우는지 들었다.

44 Historic, Historical

historic한 것은 역사가 있는 것이고, historical한 것은 역사적으로 중요한 것이다.

What's the **historical** importance of Jeonju?	전주의 역사적인 중요성이 뭐야?
Jeonju is a **historic** city due to its role in the Joseon Dynasty.	전주는 조선시대에 가졌던 역할 때문에 역사적으로 중요한 도시이다.

45　Hit, Beat

hit　때리다
beat　패다

She **hit** her boyfriend in the face.　　그녀가 남자친구의 얼굴을 때렸다.

The alcoholic husband **beat** his wife.　알코올 중독이 된 남편이 아내를 팼다.

46　Humble, Modest

humble한 사람은 진심으로 자기가 다른 사람보다 더 잘났다고 생각하지 않는다.
modest한 사람은 자랑하지 않는다.

She's rich, successful beautiful but still **humble**.　그녀는 돈도 많고, 성공도 하고, 아름다우면서도 겸손해.

You shouldn't be **modest** of your success at a job interview.　면접 볼 때 성공에 대해서 겸손하면 안 돼.

47 I heard that, He told me that

I **heard** that my daughter got a new boyfriend라고 말하면 그 뜻은 딸에게서 직접 들은 소식이 아니라 다른 사람한테 들었다는 것이다. 정보의 출처로서 들었다는 의미를 전달하고 싶을 땐 My daughter **told** me that she has a new boyfriend라고 말한다.

48 If, When

보통 if는 '…면'으로 번역되고 when은 '…때'로 번역된다.

If you don't understand, please ask.   이해가 안 되면, 물어보세요.

When I have a question, I ask.   나는 질문이 있을 때 물어본다.

경우에 따라서 if와 when 둘 다 '…면'으로 번역된다.

If I go to the store, I'll get some milk.   마트에 가면, 우유 좀 사올게.

When I go to the store, I'll get some milk.   마트에 가면, 우유 좀 사올게.

if를 쓸 것인지 when을 쓸 것인지는 확실성에 대한 문제이다. 첫 번째 예문에서는 말하는 사람이 외출을 할지 안 할지 확실치 않기 때문에 if를 사용한다. 두 번째 예문에서는 외출할 것이 확실하기 때문에 when을 사용한다.

49   Issue, Problem

다른 뜻의 단어들이지만, 어느 상황에 써야 할지 확실치 않은 단어들이다. issue는
사람들이 논의나 토론거리로 삼은 것이다. 예를 들어 환경 문제가 있다. problem은
고민이나 어려움을 주는 것을 말한다. 예를 들어 교통혼잡 등이다.

> Before the Sewol incident, safety was not
> an **issue**, but afterwards it became
> a **problem**.

> 세월호 사건 전에는 안전이 쟁점이
> 아니었지만, 그 후에는 문제가 되었다.

50   It, This, That

여기서 필자가 해줄 수 있는 것은 일반적인 용법과 습관적으로 쓰는 예문을
제공하는 것이다. it, this와 that을 포함하는 표현들은 너무 많아서 모두 열거하기
어렵다. 더 자세한 설명에 대해서는 사전의 도움을 받을 수밖에 없다.

it은 상징하고, this는 가리킨다.

> A: What do you think about my new
>   hair style?
> B: I like **it**!

> A: 내 새 헤어스타일 어때?
>
> B: (그거) 좋아!

> A: Which necklace do you like?
> B: I like **this** one.

> A: 어느 목걸이가 마음에 드니?
> B: 나는 이게 마음에 들어.

형태가 있는 것에 관한 한, 위에 있는 예문들 같이 it과 this의 용법은 한결같지만
가끔씩 예외가 있다.

> A: Have you seen my cell phone?
> B: Here **it** is.

> A: 내 휴대전화 봤어?
> B: 여기에 (그것이) 있어.

위의 예문에서는 it이 전화를 가리키는 것 같지만, 말하는 사람이 this라고 하지 않는다. 실제로는 it이 휴대폰을 상징하고 here는 휴대폰의 장소를 가리키는 것이다. 이게 헷갈리면, 예문을 한국어로 생각해보라. '여기에 (이것이) 있다'보다 '여기에 (그것이) 있다'가 의미가 통한다.

형태가 없는 것에 대해 말할 때는, 상징하는 것과 가리키는 것에 대한 규칙은 변함이 없지만, it을 써야 할지 this를 써야 할지 더 어려워질 수 있다.

A: Do you like my idea?

B: Yes, I like **it**.

A: 내 아이디어 마음에 들어?

B: 응, (그거) 좋아.

이 경우 it은 두사람 모두 아이디어를 의미함을 이해하는 대명사이다. 이유는 idea가 방금 언급되었기 때문이다. 방금 언급이 된 경우에는 명사 앞에 this를 쓸 수 있다.

A: Have you heard about the scandal?

B: Yes, **this** scandal will ruin the president.

A: 너 그 스캔들에 대해 들었어?

B: 응, 이 스캔들이 대통령을 몰락시킬 거야.

this는 지금 진행되는 일을 의미할 수 있다.

I've always wanted to watch **this** movie.

이 영화 한참 동안 보고 싶었어.

Do you want to go to **this** restaurant?

이 식당에 가고 싶니?

첫 예문에서는 두 친구가 영화를 보려고 방금 앉았다. 두 번째 예문에서는 커플이 음식점 비평 기사를 읽고 있다. 듣는 사람이 it이 무엇을 의미하는지 알고 있지 않은 한 두 예문에서 this 대신 it을 쓰면 안 된다. It이 무엇을 의미하는지 모르는 경우에는 혼란이 뒤따를 수 있다.

A: I've always wanted to watch **it**.

B: Watch what?

A: **This** movie.

A: 이거 한참 동안 보고 싶었어.

B: 뭘 보고 싶었어?

A: 이 영화.

it은 '이것' 아니면 '그것', this는 '이' 아니면 '이것'으로 외우는 것이 제일 안전하다.

this와 that은 공간과 시간의 차이를 나타낸다. 대략 this는 시공간적으로 가까울 때 쓰고, that은 시공간적으로 멀리 있을 때 쓴다.

말하는 주제의 대상이 가까울 때는 this를 쓰고 멀리 있을 때에는 that을 쓴다.

I want to buy **this** one.	나 이거 살래.
I want to buy **that** one.	나 저거 살래.

말하는 사람과 듣는 사람이 함께 있을 때는 this를 쓰고 그렇지 않으면 that을 쓴다.

This is awful. We're all wet from the rain.	(이거) 끔찍하다. 우리 비 때문에 다 젖었어.
A: I'm soaking wet from the rain!	A: 나 비 때문에 다 젖었어!
B: **That** sounds awful! Are you okay?	B: (그거) 끔찍하겠다! 괜찮아?

방금 전에 일어난 일은 this를 쓰고 과거나 미래의 일이면 that을 쓴다.

How can **this** happen?	어떻게 이런 일이 일어날 수 있지?
How could **that** have happened?	어떻게 그런 일이 일어날 수 있었지?
This project is taking some time.	이 프로젝트는 시간이 좀 걸려.
That project took some time.	그 프로젝트는 시간이 좀 걸렸어.
That project will take some time.	그 프로젝트는 시간이 좀 걸릴 거야.

that은 아이디어나 생각이 누구의 것인지도 밝힌다.

A: Why don't we take a short break?	A: 우리 좀 쉬는 게 어때?
B: **That**'s a good idea.	B: 그거 좋은 생각이야.

위의 예문에서 두 번째 사람이 that이라고 말한 이유는 그 아이디어가 자기 것이 아니었기 때문이다. 다음 예문들도 비슷하다.

Let's do it like **this**.	이렇게 하자.
Let's do it like **that**.	저렇게 하자.

'이렇게'(this) 하는 것은 내가 생각한 것이고 '저렇게'(that) 하자고 한 것은 남의 생각이기 때문이다.

사실 it, this 그리고 that을 구별해서 사용하는 것은 원어민의 입장에서는 식은 죽 먹기이다. 어떤 것을 써야 할지 모를 때는 영어 방송이나 원어민에게 도움을 청하는 수밖에 없다.

51 Know, Know of, Know about

사람에 대해서는 이 세 가지 동사의 의미가 다르다.

know   알다
know of   누구를 간접적으로 알다
know about 누구에 대하여 알다

A: Do you know my roommate?

B: Of course, I **know** him.

A: 내 룸메이트 알아?

B: 당연히 알지.

I haven't met your girlfriend, but I **know of** her.

네 여자친구를 만나지는 못했지만 들어는 봤지.

I **know about** you and your girlfriend.

너와 여자친구에 대해서 알아.

사람에 대해서 말하지 않을 때는 '잘 알다'라는 의미로는 오직 know만 쓸 수 있다.

I **know** Beijing; I lived there for three years.

베이징 잘 알아. 거기서 3년 살았어.

52 Late, Lately, Later

late는 첫 번째 예문처럼 형용사로도 쓰이고, 두 번째 예문처럼 부사로도 쓰인다. 모두 '늦다'의 의미다.

He was **late** to work.　　　　　　그가 회사에 늦게 왔다.

He arrived **late** to work.　　　　　그가 회사에 늦게 왔다.

lately는 부사이며 '최근에'라는 뜻이고, 습관적으로 문장 앞이나 끝에 쓴다. lately는 과거에서부터 지금까지 (계속해서) 진행된다는 의미이므로, 논리적으로 생각하면, 현재완료시제를 쓰는 것이 정확하다.

He has been late to work **lately**.　　그는 요새 회사에 늦게 온다.

later는 부사이며 '나중에', '이따가'라는 뜻이고 습관적으로 문장 앞이나 끝에 쓴다.

Let's go for a walk along the river **later**.　이따가 강변에서 산책하자.

Later, let's go for a walk along the river.　이따가 강변에서 산책하자.

53 Open, Leave open

다음의 예문들을 통해 의미 차이를 확인해 보자.

Turn on the light.　　　　　　　불 켜.
Leave the light **on**.　　　　　　불 켜놔.

Turn off the light.　　　　　　　불 꺼.
Leave the light **off**.　　　　　불 꺼놔.

Open the door.	문 열어.
Leave the door **open**.	문 열어놔.
Close the door.	문 닫아.
Leave the door **closed**.	문 닫아놔.

54 Let, Make, Force

let 허락하다
make 하게 하다
force 억지로 하게 하다

She **let** her son play computer games.	그녀는 그녀의 아들이 컴퓨터 게임 하는 것을 허락했다.
Afterwards, she **made** him study.	그후에 그녀는 그에게 공부를 하게 했다.
He always **makes** me laugh.	그는 나를 항상 웃게 한다.
During dinner she **forced** him to eat his vegetables.	저녁식사 때 그녀는 그에게 채소를 억지로 먹게 했다.

55 Like, Be like

like는 간단하게 '좋아하다'라는 뜻이다. be like는 여기에서 설명을 다 할 수 없을 정도로 의미와 용법이 다양하다. 가장 많이 사용되는 것들만 간추려 보겠다.

I **like** you.	나는 널 좋아해.
You **are** acting **like** a child.	너 지금 어린애 같이 행동하고 있어.
What **were** you **like** as an adolescent?	너는 사춘기 때 어땠어?
I want to **be like** my dad when I grow up.	난 커서 아빠처럼 되고 싶어.
I don't feel **like** studying.	공부하고 싶은 마음이 없어.
I **was**, **like**, "Shut up!"	"조용히 해!" 라고 했어.

마지막 예문의 like는 능변은 아니지만 일상 회화에서는 자주 사용되는 용법이다.

56 Logical, Rational

logical과 rational의 차이는 '논리적인 것'과 '합리적인 것'의 차이와 같다.

If you think about it **logically**, it doesn't make any sense.	논리적으로 생각하면 말이 안 돼.
I know you're angry but try to be **rational**.	화난 건 알겠는데 합리적으로 생각해봐.

57 Look for, Find

전자는 과정이고 후자는 결과이다.

I **looked for** my wallet, but I couldn't
find it.
지갑을 찾아봤는데 못 찾았다.

58 Look forward to, Expect

영어에서는 완전히 다른 의미를 가지고 있는 단어들이지만 한국어로는 똑같은 단어로 해석된다. look forward to라고 하면 미래에 있을 일에 대해 기쁘고 신이 난다는 의미이다. expect는 상황에 적절한 어떤 일이 일어날 것을 믿는 것을 의미한다.

Children **look forward to** their birthday
all year.
아이들은 일 년 내내 생일을
학수고대한다.

아이들이 생일을 look forward to하는 이유는 생일선물을 expect하기 때문이다. 선물을 받을 확실한 보장은 없지만 여전히 가능성은 크기 때문이다.

Employers **expect** their employees to
work hard.
상사들은 직원들이 열심히
일하기를 바란다.

위에 있는 예문의 고용주는 직원들이 당연히 일을 열심히 해야 한다고 믿고 기대한다.

59 | Me too, Me neither

me too와 me neither의 의미는 같지만, 전자는 긍정문에 대한 응답에 쓰이고 후자는 부정문에 대한 응답에 쓰인다는 점에서 차이가 있다.

A: I like meeting new people.

B: **Me too.**

A: I don't like meeting new people.

B: **Me neither.**

A: 난 새로운 사람들을 만나는 걸 좋아해.

B: 나도 좋아해.

A: 난 새로운 사람들을 만나는 걸 안 좋아해.

B: 나도 안 좋아해.

60 | Me too, So am I, So do I

me too는 so am I 혹은 so do I로 바꿔 쓸 수 있다. 하지만 헷갈릴 위험이 있으므로 me too로 쓰는 것이 간편하다.

A: I miss dad.

B: **Me too.**

B: **So do I.**

A: 아빠 보고 싶다.

B: 나도.

B: 나도.

동의하는 문장에 be 동사가 있으면 so am I로 대답하고 다른 동사가 있으면 so do I로 대답하라.

A: I'm hungry.

B: **So am I.**

A: 나 배가 고파.

B: 나도.

A: I want to travel abroad.

B: **So do I.**

A: 나 해외여행 가고 싶어.

B: 나도.

61 Memory, Memorize, Remember

memory   추억, 기억력

memorize   외우다

remember   기억하다

I have a good **memory**.

난 기억력이 좋아.

Memories keep a friendship alive.

추억이 교우 관계를 유지시킨다.

I **memorized** the names of my coworkers.

나는 동료들의 이름을 외웠다.

Do you **remember**?

기억해?

I can't **remember** her name.

그녀의 이름이 생각나지 않아.

<table>
<tr><td>62</td><td># Most, Mostly</td></tr>
</table>

아래에 있는 예문들을 통해 의미 차이를 알아보자.

most   대부분
mostly 그 가운데서 대부분

Most Koreans like kimchi.

대부분의 한국 사람들은 김치를
좋아한다.

Mostly Koreans like kimchi.

김치를 좋아하는 사람들 가운데
대부분은 한국 사람들이다.

<table>
<tr><td>63</td><td># Mug, Rob, Steal</td></tr>
</table>

가장 큰 차이점은 목적어와 장소이다.

mug는 공공장소에서 사람한테만 적용할 수 있다.

A man with a gun **mugged** my
girlfriend.

총을 가지고 있는 남자가 내 여자친구에게
강도행각을 저질렀다.

My girlfriend was **mugged** in front of
our house.

우리 집 앞에서 여자친구가 강도를
당했다.

장소를 힘이나 폭력으로 rob할 수 있지만 사람을 rob할 수는 없다. 피해자는 무엇을
be robbed of 될 수는 있다. 강도보다 강도 당한 장소가 더 중요하면 수동태를 써라.

Three museum employees **robbed** the museum.	박물관 직원 3명이 박물관을 털었다.
The museum **was robbed**.	박물관이 털렸다.
I **was robbed** of my smartphone.	누가 내 스마트폰을 강탈했다.

주의해야 할 점은 위에 있는 마지막 예문은 공식적인 대화에서는 흔하게 쓰이지 않는다는 점이다. 더 자연스럽게 말할 수 있는 방법은 rob 대신 steal을 쓰는 것이다. 도둑은 물건을 steal하고 사람을 steal from 한다.

| Someone **stole** my smartphone. | 누가 내 스마트폰을 훔쳤어. |
| If you're going to **steal** at least don't **steal** money **from** old people. | 도둑질을 할 거면 최소한 노인의 돈은 훔치지 마. |

64 Neighbor, Neighborhood

neighbor   이웃
neighborhood   동네

| My upstairs **neighbor** drives me crazy. | 위층 이웃 때문에 미치겠어. |
| I've lived in the same **neighborhood** all my life. | 난 같은 동네에서 평생 살았어. |

65 Noise, Sound

noise는 사람한테 방해되는 sound(소리)이다. noise를 형용사 noisy로 쓰는 게 가장 쉬운 방법이다.

This cafe is too **noisy**. Let's go somewhere else.

이 카페 너무 시끄럽다. 우리 다른 데 가자.

What is that **sound**?

이거 무슨 소리야?

→ chapter 3, 78번 참고.

66 Not yet, Not anymore

not yet   아직

not anymore   이젠 안 그래

A: Have you finished the book yet?

B: **Not yet.**

A: 책 다 읽었어?

B: 아직 (다 안 읽었어).

He isn't here **yet**.

걔 아직 도착 안 했어.

I haven't found it **yet**.

아직도 못 찾았어.

A: Are you still dating that guy?

B: No, **not anymore**.

A: 너 그 남자하고 아직도 사귀고 있니?

B: 아니, 더 이상 안 사귀어.

He doesn't live in Seoul **anymore**.

그는 더 이상 서울에서 살지 않아.

67

Now, Right now, Just now

now   지금은, 지금
right now   지금, 당장
just now   방금 전에

What are you doing **now**?*   지금은 뭐 해?

My parents are away **now**.   우리 부모님은 지금 집에 안 계셔.

now는 현재 상태를 꾸밀 수도 있고 상태가 바뀐 것을 의미할 수도 있다. 확실히 맞는 표현을 위해서는 right now는 현재 상태를 꾸밀 때 쓰고 now는 상태가 바뀐 것을 의미할 때 쓰자.

right now는 '지금' 또는 '당장'이라는 의미이다.

What are you doing **right now**?   지금 뭐 해?

Do it **right now**!   당장 해!

just now는 방금 전에 있었던 일을 의미할 때 쓴다.

A: When did this happen?   A: 언제 발생했어?

B: **Just now.**   B: 방금 전에.

→ chapter 3, 99번 참고.

*현재진행형을 쓸 때는 now는 선택적이다. 왜냐하면 현재진행형에서는 말하는 사람과 듣는 사람 모두 지금을 의미한다는 것을 숙지하고 있기 때문이다. 하지만 현재진행형이 때로는 가까운 미래도 의미할 수 있어서, 문장 끝에 언제를 의미하는지를 나타내는 표현을 쓴다.

68

One time, At once

one time   한 번

at once   한 번에, 당장

Korea hosted the Summer Olympics **one time.**[*]	한국은 하계 올림픽을 한 차례 개최했다.
One time I fasted for five days.	한 번은 5일 동안 금식했어.
All the customers tried to come inside **at once.**	손님들이 모두 한 번에 들어오려고 했다.
Apologize **at once!**	당장 사과해!

[*]one time 대신 once를 쓸 수 있고, two times 대신 twice를 쓸 수 있다. 그 다음에는 three times, four times 등등.

Pass down, Inherit

부모님이 재산을 pass down 하고 자식이 inherit 한다.

My parents **passed down** the house to me.	부모님이 집을 나에게 물려주셨다.
I **inherited** the house from my parents.	내가 집을 부모님한테 물려받았다.

물려받은 것을 '중고'라는 의미로 쓸 때는 used 또는 secondhand라고 쓰고, 가족 사이에서 물려받은 것은 hand-me-down이라고 한다.

I buy **used** household goods at moving sales.	나는 이전(移轉) 세일에서 가사용품을 많이 사.
Secondhand bookstores have great bargains.	헌책방에서 할인을 많이 해.
Since I'm the little brother, I always wore **hand-me-down** clothes.	내가 동생이라서 형한테 물려받은 옷만 입었어.

70 Pathetic, Pitiful

전에는 이 두 단어의 의미가 달랐지만 이제는 함축된 의미가 같다. 한국어로 번역할 때는 다르지만, 미국 사람이 pity라고 할 때는 진짜로 불쌍하다기보다 사실은 경멸의 감정을 느끼는 것이다.

The homeless are **pathetic**.	거지들은 한심하다.
The homeless are **pitiful**.	거지들은 한심하다.

이 두 예문에서는 말하는 사람이 우월감을 가져서 상대방을 증오하는 느낌을 풍긴다. 경멸보다 연민을 표현하고 싶다면 feel sorry for라고 표현하라.

I **feel sorry for** children born into poverty.	빈곤에 시달리는 아이들이 불쌍하다.

71 Pocket money, Allowance

pocket money는 푼돈이라고 생각하면 되고, allowance는 생활을 위해서 정기적으로 받는 돈이라고 생각하라.

I usually use my credit card, but I always carry around **pocket money.**

나는 보통 신용카드를 쓰지만 현금도 가지고 다녀.

I get an **allowance** of fifty thousand won every month.

나 매달 용돈으로 5만 원을 받아.

72 Possibly, Probably

이 두 부사의 차이는 가능성의 정도에 있다. 무슨 일이 probably하게 일어나는 확률이 possibly하게 일어나는 것보다 높다. possibly는 의심을 나타내고 probably는 신뢰를 나타낸다.

A: I think he likes me.

B: Uh, **possibly?**

A: 쟤 나를 좋아하는 것 같아.

B: 어, 과연 그럴까?

A: I think he likes me.

B: Yeah, **probably!**

A: 쟤 나를 좋아하는 것 같아.

B: 아, 그럴 수도 있겠다!

73 Practical, Realistic

둘 다 '현실적인'으로 번역되는데, practical을 '유용하다'로 이해하면 구분하기 쉽다.

From now on don't get me flowers. Get me a more **practical** gift, like a belt.

앞으로는 꽃 사주지 마. 좀 더 유용한 선물을 사줘, 벨트처럼 말야.

realistic은 실제나 가능한 것과 관련된다.

The reason why I hate romantic comedy movies is because they're so **unrealistic**.

내가 로맨틱 코미디 영화를 싫어하는 이유는 너무 현실적이지 않아서 그래.

You need to be **realistic** about how long you can travel with only a million won.

너는 네가 겨우 100만 원 가지고 얼마나 오래 여행할 수 있을지 현실을 직시해야 해.

practical과 realistic의 반대말은 impractical과 unrealistic이다.

Your idea is **impractical**. We don't have that kind of money.

네 아이디어는 현실적이지가 않아. 우리는 그런 돈이 없잖아.

A: What do you want to be when you grow up?

B: I want to be president!

A: That's **unrealistic**.

A: 크면 뭐가 되고 싶니?

B: 대통령이 되고 싶어요.

A: 그건 현실적이지 않아.

74   Prepare, Ready

prepare는 '준비하다'이고 ready는 '준비가 되어 있는 상태'이다. prepare는 준비가 되어 있는 상태를 만들기 위해 하는 행동이고, 준비가 되어 있으면 ready가 된 상태인 것이다.

| I **prepared** a presentation for two weeks. | 2주 동안 발표 준비를 했다. |
| The presentation is finally **ready**. | 드디어 발표가 준비됐다. |

prepared는 습관적으로 형용사로 쓰이기 때문에 학생들이 ready와 헷갈려 한다. 주어가 사람이면 ready는 마음의 상태를 의미하는 것이고 prepared는 물건들이 준비되었음을 의미한다.

| I am **ready** for marriage. | 나는 결혼할 (마음의) 준비가 되어 있다. |
| I am **prepared** for marriage. | 나는 결혼할 (물질적) 준비가 되어 있다. |

첫 예문에서는 말하는 사람의 마음이 준비가 되어 있다. 하지만 마음이 준비되어 있다고 해서 필요한 모든 것들이 prepared 된 것은 아니다. prepared 되려면 그는 가족을 부양하기 위해서 좋은 직업, 집과 돈이 있어야 한다.

| I am **ready** to go on vacation. | 여행을 갈 (마음의) 준비가 됐다. |
| I am **prepared** to go on vacation. | 여행에 가지고 갈 것을 모두 챙겼다. |

열심히 일한 후에는 정신과 몸이 쉬어야 한다. 다시 말해서 ready 한 것이다. 하지만 휴가를 가기 전에는 표를 사고, 호텔에 방을 예약하고, 짐을 싸야 한다. 그렇게 해야만 prepared 된 것이다.

prepare와 ready의 차이가 어렵게 보이면 그 이유는 예문들이 상황을 알 수 있는 문맥에 있지 않아서일 것이다. 실제로 대화할 때는 말하는 사람이 prepare 했는지 ready 되어 있는지 설명할 수 있을 것이다.

어느 때는 위의 규칙과는 다르게 prepare와 ready의 차이가 습관적으로 표현된다.

Hurry up and get **ready**!	빨리 준비해!
Dinner's **ready**.	저녁 준비 됐어.
Are you **ready**?	준비 됐어?
My mom **prepared** dinner for me.	엄마가 나를 위해서 저녁 준비를 해놓으셨다.

75 Propose, Ask out

전자는 청혼할 때만 쓴다.

I **proposed** to my girlfriend in front of her friends.	내 여자친구의 친구들 앞에서 청혼을 했다.

후자는 첫 데이트를 신청할 때만 쓴다.

I finally got the courage to **ask** her **out**.	드디어 용기를 내서 그녀에게 데이트를 신청했어.

76 Puberty, Adolescence

puberty는 hit와 함께 쓰이므로 몸의 변화의 조짐을 보여주며 adolescence는 정신의 변화를 나타낸다.

Parents dread the day their child **hits puberty**.

부모들은 아이가 사춘기를 시작할 때를 두려워한다.

Sometimes I forget how difficult it is to go through **adolescence**.

가끔 사춘기를 거치는 게 얼마나 힘든지 까먹어.

육체와 정신의 중대성을 무시하고 나이만 관련 지으려면 teenager를 쓴다.

The life of a **teenager** is full of angst.

청소년의 인생에는 불안이 가득 차 있다.

77 Quality, Quantity

quality　질
quantity　양

A: How is your business so successful?

A: 너희 회사는 어떻게 성공했어?

B: We focus on **quality** over **quantity**.

B: 우리 회사는 양보다 질을 신경 써.

78　Quiet, Silent

이 두 단어는 흔히 혼용되는데 차이를 알아둘 필요가 있다. quiet한 것은 소리가 작은 것이고, silent한 것은 아무 소리도 안 나는 것이다.

Please be **quiet**.	조용히 해주세요.
It's hard to know what **quiet** people are thinking.	말이 없는 사람들이 무슨 생각을 하는지는 알기가 힘들어.
Please remain **silent**.	침묵을 지키세요.
I can only focus when everything is **silent**.	모든 것이 조용할 때만 집중이 된다.

→ chapter 3, 65번 참고.

79　Quit, Give up, Give up on

quit　그만두다, 끊다

My new boss is completely crazy; I want to **quit** my job.	새로 온 상사가 완전 미쳤어. 나 일 그만두고 싶어.
He **quit** smoking after he was diagnosed with lung cancer.	그는 폐암 진단을 받은 후 담배를 끊었다.

give up　포기하다

If you **give up** now, you'll regret it.	너 지금 포기하면 후회할 거야.

give up on 누구에 대해 기대 등을 갖기를 포기하다

give up on은 드물게 예외는 있으나 사람을 말할 때만 쓴다.

The mother never **gave up on** her rebellious son.	어머니는 그녀의 반항적인 아들을 절대로 포기하지 않았다.

80 Say, Speak, Talk, Tell

의미가 다를 뿐만 아니라 문법 구조도 다르다. 일반적인 규칙으로서 이 뜻과 문법 구조들을 따르는 게 좋다.

say 말을 하다

A: What did you **say** to me?	A: 나한테 뭐라고 말했어?
B: I **said**, "Be quiet."	B: "조용히 해"라고 했어.
He never **says** anything nice about others.	그는 남에 대해서 절대로 좋은 말을 하지 않는다.

speak 말을 하다

speak와 say의 가장 큰 차이는 speak가 더 공식적(formal)이라는 점이다. speak는 언어 실력을 의미하기도 한다.

I **spoke** to my boss about the problem.	그 문제에 대해서 상사에게 얘기했어.
I **speak** English at work and Korean at home.	나는 회사에서 영어로 말하고 집에서는 한국어로 말해.

talk   대화하다

A: What did they **talk** about?

B: They **talked** about politics.

He **talks** with his girlfriend every night.

A: 그들이 뭐에 대해 얘기한 거야?

B: 그들은 정치에 대해서 얘기했어.

매일 밤 그는 여자친구와 대화해.

tell   이야기해주다

A: What did you **tell** him?

B: I **told** him to hang in there.

My dad **tells** the family the same stories.

A: 너 걔한테 뭐라고 얘기해줬어?

B: 힘내라고 얘기해줬어.

나의 아버지께서는 가족들에게 똑같은 이야기를 해주신다.

81　Score, Grade

score는 스포츠나 표준화된 시험에서 획득하는 점수에 대해서 말할 때 쓴다.
grade는 학교에서 선생님이 주는 시험 점수에 대해서 쓴다.

I got a high **score** on TOEIC.

나 TOEIC 점수 잘 받았어.

I got a good **grade** on the math test.

나 수학시험 점수 잘 받았어.

I get good **grades** in school.

나 공부 잘해.

82 Scream, Shout, Yell

scream은 크고 알아들을 수 없는 소리를 내는 것이다. shout는 큰 목소리로 말하는 것이다. yell은 보통 화가 나서 소리 지르며 말하는 것이다.

She **screamed** when she saw a cockroach.	그녀는 바퀴벌레를 보고 비명을 질렀다.
It's so loud in here that I have to **shout to** the waiter.	여기 너무 시끄러워서 웨이터한테 소리 질러야 돼.
Don't **shout at** me just because you're angry.*	화났다고 나한테 소리 지르지 마.
My girlfriend **yelled at** me for forgetting her birthday.	내가 여자친구의 생일을 잊어버려서 그녀가 성질을 내면서 소리를 질렀다.

*shout to는 잘 안 들려서 소리를 지르는 것이고 shout at는 화가 나서 소리를 지르는 것이다.

83 See, Look, Watch

이 단어들은 의도와 강도에서 차이가 있다.

see   의도 없음, 강도 약함

You **see** because your eyes are open.	눈을 뜨고 있기 때문에 자연스러워 보인다.
I **saw** a homeless person on the subway.	지하철에서 노숙자가 보였다.

look 의도 있음, 강도 약함

You **look** because you want to. 보려는 의도를 가지고 본다.

I **looked** at the homeless person's face. 그 노숙자의 얼굴을 보았다.

watch 의도 많음, 강도 강함

You **watch** something that is usually 보려는 의도를 가지고 주로 움직이는
moving because you want to. 것을 본다.

I **watched** him beg for food. 그 사람이 음식을 구걸하는 것을 보았다.

see와 관련된 다른 단어들

Staring at people is rude. 남을 쳐다보는 것은 예의 없는 행동이다.

The pitcher **glared at** the batter. 투수가 타자를 째려보았다.

He **glanced at** her long legs. 그가 여자의 긴 다리를 흘낏 보았다.

→ chapter 3, 43번 참고.

84 Shade, Shadow

shade 그늘
shadow 그림자

Let's wait in the **shade**. 그늘에서 기다리자.

Your **shadow** ruined the picture! 너의 그림자 때문에 사진을 망쳤잖아!

85 Sick, Hurt

일반적으로 sick의 뜻은 '아프다'이고, hurt의 뜻은 '다치다'이다.

I'm too **sick** to go to school.   나 몸이 너무 아파서 학교에 못 가겠어.

I **hurt** my ankle while playing soccer.   축구 하다가 발목을 다쳤어.

하지만 이 규칙에 예외가 있다.

My foot **hurts.**   다리가 아프다.

My new shoes **hurt** my feet.   새 신발이 발을 아프게 한다.

hurt의 의미 차이는 주어에 달려 있다. 주어가 사람이면 hurt는 '다치다'이고, 사람이 아니면 hurt는 '아프다'이다.

My leg is sick.(X)   →   My leg **hurts.** / I **hurt** my leg.

앞에 있는 예문은 틀린 것이다. 사람이나 동물에게만 sick을 사용할 수 있다.

➡ chapter 1, 12번 참고.

86 Simple, Simplistic

simple과 simplistic의 차이는 예외 하나 말고는 '간단하다'와 '단순하다'의 차이와
같다. 예외로, simplistic은 항상 부정적으로 쓰인다.

A: Why won't you answer my question?
It's a **simple** question.

B: No, it's not. It's **simplistic**. There are
many factors to consider.

A: 왜 내 질문에 대답을 안 하는 거야?
간단한 질문이잖아.

B: 아니야. 단순한 거야. 고려해야 할
요소들이 많아.

87 Small, Less, Few, Little

small/big은 크기를 의미한다. less/more는 셀 수 없는 양을 의미한다. few/many는
셀 수 있는 양을 의미한다. little은 크기와 셀 수 없는 양을 모두 의미한다.

He's a **big** frog in a **small** pond.

그는 작은 연못의 큰 개구리이다.

Waste **less** and conserve **more**.

덜 낭비하고, 더 아껴 써.

Few people have been to many
countries.

여러 나라에 가본 사람들이 많지 않다.

The **little** boy said **little**.

작은 아이는 거의 말을 안 했다.

→ chapter 5, 10번 / chapter 6, 9번 참고.

88 Smile, Laugh

영어 원어민들은 어떻게 '웃다' 라는 한국어가 smile과 laugh라는 두 단어를 대신할 수 있는지 이해하기 어려운 일이다. 친구가 길 건너편에서 당신을 향해 걸어오는 것을 보면 **smile**하고, 친구가 웃긴 말을 하면 **laugh**한다.

89 Spend, Spend on

돈 얘기를 할 때는 말하는 사람이 무엇을 사는지 명시할 때만 on이 필요하다.

Stop **spending** money!	돈 좀 그만 써!
Stop **spending** money **on** stupid things!	쓸데없는 거에 돈 좀 그만 써!

전치사 on 대신 for를 써야 한다고 생각하는 사람들이 많은데 잘못이다. 예를 들어 어머니가 아들이 매일 똑같은 옷을 입기 때문에 옷 살 돈을 준다고 상상해 보자. 아들은 어머니를 위해서(for) 돈을 쓰지만 옷에 (on) 돈을 쓰는 것이다.

이 규칙은 시간을 얘기할 때도 적용된다. 어느 기간 동안 무엇을 했는지 명시 할 때 on을 쓴다.

I **spend** a lot of time alone.	나 혼자 시간을 많이 보내.
How much time did you **spend on** your project?	이 프로젝트에 시간이 얼마나 걸렸어?
A family man **spends** time with his family.	가정적인 남자는 가족과 시간을 보낸다.

90　Succeed, Successful

부나 영향력이나 명성을 성취한 사람에 대해서 얘기할 때는 successful을 쓰는 게 낫다.

If you work hard, you can be **successful**.　열심히 일하면 성공할 수 있다.

He used to be a poor man, but he is **successful** now.　그는 전에 가난했는데 지금은 성공했어.

목표를 이룬다는 의미로는 in을 붙여서 succeed in이라고 표현하라.

He **succeeded in** business.　그는 사업에 성공했어.

He **succeeded in** robbing the bank.　그는 은행을 터는 데 성공했다.

91　Suggest, Recommend, Advise

미묘한 차이가 있는 단어들이다.

suggest　제안하다
recommend　추천하다
advise　조언하다, 충고하다

suggest와 recommend는 그다지 중요하지 않은 것에 대해서 둘 다 쓸 수 있다.

I **suggest** we go to Lotte World this weekend.

이번 주말에 롯데월드에 가는 거 어때?

East of Eden is a beautiful book; I **recommend** you read it.

『에덴의 동쪽』은 아름다운 책이야. 너도 읽어봐.

advise는 중요한 것에 대해서 의논할 때 쓰는 말이다.

I **advise** you to go to college.

네가 대학교에 가기를 충고한다.

92 Tempt, Seduce

둘 다 '꼬시다' 혹은 '유혹하다'로 번역된다. seduce에는 tempt와는 다르게 성적 의미가 강하게 들어 있다.

My roommate **tempted** me to eat instant ramen with him late at night.

나의 룸메이트가 밤늦게 라면 먹자고 꼬셨다.

The beautiful woman easily **seduced** the man.*

그 미녀는 남자를 쉽게 꼬셨다.

여기서 주의할 것은 남자나 여자나 모두 seduce 할 수 있다는 점이다.

She was **seduced** by his good looks.

그녀는 그의 외모에 넘어갔다.

*이 문장에 내포된 의미는 남자들이 여자의 외모에 넘어가서 결국 남자를 꼬시는 데 성공했다는 것이다.

93 Think, Think of, Think about

think는 목적어 없이 쓰고 '생각하다'라는 의미이다. think of는 '생각해내다' 또는 '생각나다'라는 뜻이다. think about은 '~에 대해 생각하다'라는 뜻이지만 대화할 때는 '~에 대해'라는 말을 빼고 해석하는 경우가 많다.

Think everyone! We need a new idea.	모두 다 생각해! 새로운 아이디어가 필요해.
I **thought of** a new idea!	새로운 아이디어를 생각해냈어!
Can you **think of** a time when I did that?	내가 그렇게 했던 적이 생각나는 게 있어?
A: What are you **thinking about**? B: I'm **thinking about** you.	A: 너 무슨 생각하고 있니? B: 너(에 대해서) 생각하고 있어.

94 Think, Thought

문장을 I think로 시작하면 그 다음에 이어지는 말에 있어서 말하는 사람의 의견이나 확신이 부족하다는 것을 의미한다.

I **think** he's smart.	내 생각에는 쟤 똑똑한 것 같아.
I **think** he likes you.	그가 널 좋아하는 것 같아.

I thought는 의견이 틀렸거나 잘못 생각했다는 것을 시사한다.

I **thought** he was smart.	나는 쟤 똑똑하다고 생각했어.
I **thought** he liked you.	널 좋아하는 줄 알았는데.

I thought의 의미는 맥락과 어조에 의존한다. I thought he was smart의 의미를 나타내고 싶으면 I를 강조하고, 두 번째 예문에서는 thought를 강조해야 한다.

95 Tiring, Tired

tiring은 원인이고, tired는 결과이다.

Teaching's **tiring** work.   선생 노릇은 피곤한 일이다.

I'm **tired**.   나 피곤해.

흔히 헷갈려 하는 형용사들이 있는데 몇 가지만 살펴보자.

boring   지루한
bored   심심하다

I'm **boring**.   나는 지루한 사람이다.

I'm **bored**.   나 심심해.

confusing   혼란스러운
confused   헷갈려 하다

The Tokyo subway is **confusing**.   도쿄 지하철은 혼란스럽다.

The tourists in Tokyo get **confused**.   도쿄 관광객들은 헷갈려 한다.

disappointing   실망스러운
disappointed   실망하다

This book's a little **disappointing**.   이 책은 약간 실망이다.

I'm **disappointed** with this book.   난 이 책에 실망했어.

exciting	신나는
excited	신이 나다

Having a new boyfriend is always **exciting**.	새로운 남자친구를 사귀는 것은 신나는 일이다.
I'm **excited** to have a new girlfriend.	새로운 여자친구가 있어서 나는 신이 났다.

interesting	흥미로운
interested	관심 있다

He tells **interesting** stories.	그는 흥미로운 이야기를 해준다.
Everyone is **interested in** hearing his stories.	모두 다 그의 이야기에 관심이 있다.

satisfying	만족스러운
satisfied	만족하는

My job's **satisfying**.	나의 직업은 만족스럽다.
I'm **satisfied** with my job.	나는 나의 직업에 만족한다.

scary	무서운
scared	무서워하다

Going out alone at night is **scary**.	밤에 혼자 나가는 것은 무섭다.
I'm **scared** to go out alone at night.	나는 밤에 혼자 나가는 것을 무서워한다.

stressful	스트레스가 많은
stressed out	스트레스가 쌓인

Living in Korea is **stressful**.	한국에서 사는 것은 스트레스를 많이 받는 일이다.
I'm **stressed** out.*	나 스트레스 쌓였어.

*have stress라고 하지 말라. have stress는 어떤 일이 stressful 하다거나, 누군가 stressed out 하다는 의미로 사용하기에는 어색한 표현이다.

96 To, At

몇몇 동사 뒤에 to 또는 at을 붙이면 의미가 바뀐다.

I threw the ball **to** him.	나는 그에게 공을 던졌다.
I threw the ball **at** him.	나는 그에게 공을 던졌다.

첫 예문에서는 번역한 그대로 의미이다. 두 번째 예문에서는 그를 '때리기 위해' 공을 던졌다는 의미이다.

My father talked **to** me about the problem.	아버지가 문제에 대해서 나한테 말씀하셨다.
My father talked **at** me about the problem.	아버지가 문제에 대해서 나한테 공격적으로 말씀하셨다.

위의 예문들에서 확인되는 것처럼 at을 쓰면 to보다 더 공격적이고 적극적인 태도를 나타내게 된다.

Parents nag **at** their children.	부모들은 아이들한테 잔소리를 한다.
My girlfriend is angry **at** me.	여자친구가 나한테 화났어.

이 두 전치사와 함께 쓸 수 있는 동사가 많지 않다. 이상의 설명은 to와 at을 구별해야 할 경우를 위해서 제공하는 것이다.

97 To, For

to와 for의 용법은 너무나 많다. 그래서 이 전치사들을 어려워하는 것이다. 모든 용법을 여기에서 논하는 것은 불가능하므로 가장 흔한 용법과 구별하기 어려운 것들만 짚어 본다.

동사를 쓸 때는 to는 '한테' 또는 '에게'의 의미이고, for는 '위해서' 또는 '대신'의 의미이다.

Throw the ball **to** me.	나한테 공을 던져줘.
Throw the ball **for** me.	나 대신 공을 던져줘.

때로는 to가 적절하기도 하고 for가 적절할 때도 있다. 그렇지 않으면 황당무계한 문장이 될 수 있다.

I cleaned the house **for** my guest.	나는 손님을 위해 집을 청소했다.
I cleaned the house **to** my guest.(X)	나는 손님에게 집을 청소했다.

to는 '한테'로 번역이 되는 경우가 많다.

What are you doing **to** my puppy?	내 강아지한테 뭐 하는 거야?
The nurse was kind **to** the patient.	간호사는 환자한테 친절했다.

두 예문에서 for 대신 to를 쓰는 이유는 동작과 관련된 표현이기 때문이다. 다시 말해서 to의 목적어가 어떤 행위나 동작에 영향을 받기 때문에 to를 쓴다. 예문을 하나 더 보자.

He is good **to** me.	그는 나에게 잘해준다.

to의 또 다른 용법은 의견을 표현할 때다.

To me, the test was hard.	내 생각에는 시험이 어려웠어.
The test, **to** me, was hard.	내 생각에는 시험이 어려웠어.

The test was hard **to** me.　　　　　　내 생각에는 시험이 어려웠어.

세 가지 용법은(문장 앞에, 동사 앞에, 문장 끝에) 모두 맞지만 처음의 두 개가 자연스럽게 들린다. 이 상황과 다른 상황에서도 to me가 선택적이다. The test was hard는 말하는 사람의 의견이라는 뜻이다. 혹은, 자기의 의견일 뿐이라는 걸 강조하고 싶을 때는 I thought the test was hard라고 말할 수 있다.

for는 무엇, 혹은 누구에 관련되거나 관련성을 미칠 때 쓴다.

Buying a house in Seoul is impossible　　서울에서 집을 사는 것은 보통
for the average person.　　　　　　　사람들에게는 불가능한 일이다.

for the average person은 문장 앞, 동사 앞, 또는 문장 끝에 쓸 수 있다.
다음 두 세트의 예문을 비교해보라.

To me, the test was hard.　　　　　　내 생각에는 시험이 어려웠어.

For me, the test was hard.　　　　　　시험이 나에게 어려웠어.

To me, he works too slowly.　　　　　내 생각에는 그가 일하는 게 너무 느려.

For me, he works too slowly.　　　　　그가 일하는 게 나에게는 너무 느려.

각각의 첫 예문들에서는 화자가 자기 의견만 말하고 있지만, 두 번째 예문들에서는 화자가 그 문장의 요점이 누구와 관련 있는지를 보여준다. 한국 학생들의 경우 to me 를 '나한테' 혹은 '나에게'라고 번역하고 싶은 유혹을 느낄 수 있겠지만, 기억해야 할 것은 to는 항상 '한테'라는 뜻은 아니라는 점이다.
가끔은 to와 for 둘 다 무리 없이 말이 되는 경우가 있어서 구별하기가 어려울 때가 있다.

He is good **to** me.　　　　　　　　그는 나에게 잘해준다.

He is good **for** me.　　　　　　　　그는 나에게 좋은 영향을 미친다.

위에 있는 첫 예문에서는 me가 he에게 영향을 받는다는 것을 의미한다. 위에서 말한 바와 같이, 한국어처럼 to는 주어가 목적어에 하는 어떤 행동을 의미한다.(he가 나에게 선물을 사준다.) 두 번째 예문에서 for가 의미하는 것은 그 사람의 선량함이 나와 관련되거나 영향을 미친다는 의미이다. 나는 그 사람과 사귀기 때문에 너 나은 사람이 되었다는 뜻이다.

Until, By

한국어로 둘 다 '언제까지'로 번역이 되어서 혼란스럽지만, 논리적으로 생각하면 올바른 용법을 찾을 수 있을 것이다. 이 예문들을 보라.

I will read the book **until** next Monday.　　다음 주 월요일까지 책을 읽을 거야.

I will read the book **by** next Monday.　　다음 주 월요일까지 책을 다 읽을 거야.

책을 until next Monday까지 읽는다는 것은 지금 시작해서 계속 읽다가 월요일에 책을 읽는 것은 멈추지만 책을 다 읽지는 않을 것이라는 의미이다. by next Monday는 지금 시작해서 계속 읽고 월요일이나 그 전에 그 책을 다 읽는다는 의미다.

I have class **until** five in the afternoon.　　오후 5시까지 계속 수업이 있다.

My class will finish **by** five in the afternoon.　　늦어도 오후 5시에는 수업이 끝난다.

첫 예문에서는 화자가 수업이 언제 끝날지 알고 있다. 두 번째 예문에서 화자는 언제 수업이 끝날지 모르지만 5시 전에는 끝날 것이라고 생각하고 있다.

차이가 명백하지 않을 때도 있다. 그럴 경우에는 무엇을 강조하는지 생각해보라. 기간(until) 또는 끝(by).

Don't move **until** you're done.　　끝날 때까지 움직이지 마.

You need to arrive at the airport **by** 3o'clock.　　3시까지 공항에 도착해야 돼.

위에 있는 예문들을 비교해보라. 첫 예문에서는 don't move가 어떤 일이 끝나기 전의 기간을 더 강조하는 느낌의 문장이므로 결과보다 기간이 더 강조되기 때문에 until을 사용하고, arrive는 결과를 강조하기 때문에 by가 맞다.

99 Until now, So far

둘 다 '지금까지'로 번역되지만 상당한 차이가 있다. until now는 상태가 변화됐다는 의미이다. 이전에 있었던 것이 지금은 아닌 것이다. so far는 변함이 없다는 의미이다. ➡ chapter 3, 67번 참고.

I've had no problems **so far**.	지금까지 문제가 없다.
I've had no problems **until now**.	방금 전까지는 문제가 없었다.

100 Used to, Be used to

used to는 더 이상 해당되지 않는 과거의 상황이나 습관을 말할 때 쓴다.

He **used to** smoke, (but now he doesn't).	그는 과거에 담배를 피웠지만, (지금은 안 피운다).
He **used to** be immature, (but now he is mature).	그는 과거에 성숙하지 않았지만, (지금은 성숙하다).
Americans didn't **use to** like kimchi, (but now they do).	미국 사람들은 전에는 김치를 안 좋아했지만, (지금은 좋아한다).

한국 학생들은 be accustomed to가 더 익숙한 듯하지만, be(get) used to가 대화에서 더 흔히 사용된다.

My foreign friend **got used to** bowing after three months in Korea.

내 외국 친구는 한국에 온 지 3개월 후에 고개를 숙여서 인사를 하는 데 익숙해졌다.

He **is used to** bowing now.

그는 이제 고개를 숙여서 인사를 하는 데 익숙하다.

101 Win, Beat

예문을 통해 설명하는 것이 가장 좋다.

Team A **won** the race.

팀 A가 경주에서 이겼다.

Team A **won**.

팀 A가 이겼다.

Team A **beat** Team B.

팀 A가 팀 B를 이겼다.

A: Who **won** the game yesterday?
B: It was a tie.

A: 어제 경기 누가 이겼어?
B: 동점이었어(비겼어).

102 Wipe, Wipe off

두 동사의 목적어에 차이가 있다. wipe는 표면을 닦을 때 쓰고 wipe off는 표면에 묻은 것을 닦을 때 쓴다.

Wipe your forehead. 이마 닦아.

Wipe the sweat **off** your forehead. 이마에 있는 땀 닦아.

➡ chapter 3, 16번 참고.

103 Wish, Hope

wish는 상황을 바꿀 수 없는 경우(환상일 때)에 쓴다. hope는 상황을 바꿀 수 있거나 아니면 일어날 수 있는 최고의 시나리오를 말할 때 쓴다.

I **wish** I were taller. 키가 더 컸으면 좋겠다.

I **hope** I can lose weight by summer. 여름까지 살을 뺄 수 있으면 좋겠다.

이 두 예문에서는 wish와 hope의 차이가 극명하게 드러난다. 첫 예문에서는 상황을 변화시킬 도리가 없지만, 두 번째 예문에서는 그럴 가능성이 있다.

I **wish** my sister could come. (누나가 못 오는 것을 알지만) 누나가 올 수 있으면 좋겠다.

I **hope** my sister can come. 누나가 오기를 바라.

여기에서 wish는 누나가 오는 것이 불가능하다는 사실을 의미한다. hope 한다는 것은 누나가 오는 것이 가능하므로 원하는 것이다.

I **wish** there were no traffic.　　　　　　(차가 막혀 있지만) 차가 안 막혔으면 좋겠다.

I **hope** there is no traffic.　　　　　　차가 안 막혔으면 좋겠다.

wish와 hope 모두 똑같이 번역될 수 있는 경우가 있다. 이 예문의 차이는 앞의 두 가지 예문보다 미묘하다. 첫 예문에서는 이미 차가 막힌 상태에서 화자는 그러지 않기를 희망하는 것뿐이다. 두 번째 예문에서는 말하는 사람이 아직 집에서 나가지 않은 상태에서 차가 막히지 않기를 바라고 있는 것이다.

104 Little, Young

little　　어리다

young　　젊다

When I was **little** I wanted to be a marine biologist.　　난 어렸을 때 해양생물학자가 되고 싶었어.

I'm at the age when I'm not old but not **young** either.　　난 지금 늙진 않았지만, 젊은 나이도 아니야.

Chapter 4

어색한
표현과
어휘

한국인들의 영어 중에는 어법상 틀린 것은 아니지만 어색한 표현들도 적지 않다. 대표적인 몇 가지만 살펴보자.

1 Animation

영화의 종류를 말할 때는 animated movie라고 한다.

Lion King is my favorite **animated movie**. 「라이온킹」은 내가 제일 좋아하는 애니메이션이야.

2 Company

우리말 '회사'를 무조건 company로 옮기는 사람들이 많은데 실제 영어에서는 work 가 더 일상적으로 쓰인다. 특히 일하는 장소(일터)로서의 회사나 고용주를 의미할 경 우 주로 work를 쓴다. 업종이라는 뜻일 때만 company를 쓴다.

I am **at work**.	나 회사에 있어.
My **work** is sending me to a seminar.	회사에서 나를 세미나에 보내준대.
I have to go to Busan **for work**.	일 때문에 부산 가야 돼.
I have a **company** dinner tonight.	오늘밤에 회식이 있어.
Samsung is the largest **company** in Korea.	삼성은 한국에서 제일 큰 회사이다.

3 Drink alcohol

drink는 이미 술을 마신다는 의미이므로, alcohol이 들어갈 필요가 없다. 명사 drinks 도 술을 의미한다.

Office workers often **drink** at company dinners.

회사원들은 회식할 때 술을 자주 마신다.

The two friends went out for **drinks**.

두 친구들이 술 한잔 하러 나갔다.

4 Have a plan

'~ 할 예정이다' 혹은 '~ 할 계획이 있다'라는 의미로 한국 학생들이 왼쪽에 있는 예문대로 have a plan을 쓰지만, 미래에 이루어지리라 확신하는 계획에 대해서는 오른쪽에 있는 be going to를 쓴다.

→ chapter 3, 4번 참고.

I have a plan to visit China in May. → I'm **going to** visit China in May.

plan은 명사와 동사로 쓰이지만 동사로 쓰는 게 낫다. 다음 두 예문 모두 의미가 같다.

I **plan on** visiting China next year.

내년에 중국에 갈 예정이야.

I'm **plan to** visit China next year.

내년에 중국에 갈 예정이야.

계획했던 일이 일어나지 않았으면 was going to를 쓴다.

I was going to go to China last year, but something came up.*

작년에 중국에 갈 예정이었는데 일이 생겨서 못 갔어.

*going to는 캐주얼한 대화에서는 gonna라고 발음하기도 한다.

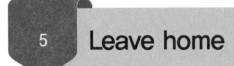

5   Leave home

그냥 leave라고 해도 충분하다.

My mother fell into a depression when my father **left**.

아빠가 집을 나갔을 때 엄마는 우울증에 걸렸다.

6   Meet, See

큰 차이는 없지만 습관적으로 meet는 처음 만날 때만 쓴다. 첫 만남 이후에 만날 때는 see를 사용하는 것이 더 자연스럽다.

Nice to **meet** you.

처음 뵙겠습니다.

Nice to **see** you again.

다시 만나서 반갑습니다.

또 meet는 만나는 그 순간을 의미한다. 누군가를 만나서 시간을 같이 보냈다면 see 를 쓴다.

Meet me at Gangnam station, exit 12.	우리 강남역 12번 출구에서 만나.
I **saw** my friends last night.*	어제 친구 만났어.

두 사람이 meet를 할 때 서로 안다는 표시를 보여야 한다. 그렇지 않으면 see를 쓴다.

I **met** Song Kang-ho last year, and I got his autograph!	나 작년에 송강호 만나서 싸인 받았다!
I **saw** Sumi Jo in concert live at Carnegie Hall!**	나 카네기홀에서 조수미 라이브 콘서트를 봤다!

*이 경우에는 see를 meet up으로 바꿔 쓸 수 있다.

I **met up with** my friends last night.	어제 친구 만났어.

**chapter 6, 6번에 한국 이름은 성부터 쓰라고 했는데 영어 예문에 Song Kang-ho 는 성이 먼저 이지만 Sumi Jo는 성이 나중이다. 이유는 조수미의 예명은 이미 Sumi Jo로 알려지고 그분이 그렇게 부르는 것을 원하기 때문에 그것을 존중하는 이유로 순서를 한국식으로 쓰지 않은 것이다.

7 Wash the dishes

의미는 통하지만, 미국 사람들은 wash보다는 do를 넣어서 말한다. '빨래하다'도 마찬가지로 do를 넣는 것이 더 자연스럽다.

If you don't cook, you should **do the dishes**.	밥을 안 하면 설거지는 해야지.
Let's take turns **doing the laundry**.	돌아가면서 빨래하자.

Chapter 5

자주
틀리거나
설명이
더 필요한
문법

영어를 말하는 데 있어서 문법은 중요하지 않을 수 있다. 하지만 기본적인 어법에 맞지 않으며 상대가 알아듣지 못하고 대화도 통하지 않는다. 한국인들이 가장 많이 저지르는 어법상의 실수들을 살펴보자.

1 Allergy

I have allergy for는 틀린 표현이다. 대신 I am allergic to를 쓴다.

I **am allergic to** pollen.　　　　　　　　나는 꽃가루 알레르기가 있어.

2 Almost people

almost는 '거의' 라는 뜻이고, people은 '사람'이라는 뜻이므로 '거의 사람'은 완전한 사람이 아니라는 의미로 말도 안 되는 표현이다. 이 오류는 한국인들이 almost를 '거의 모든'이라는 뜻으로 착각하는 데서 비롯된다. '거의 모든 사람들'이라고 말을 하고 싶으면 most people 혹은 almost everyone이라고 해야 한다.

almost는 부사나 동사, 명사와 함께 쓰인다.

almost와 함께 쓸 수 있는 부사

I am **almost always** on time.　　　　　나는 거의 항상 정각에 도착한다.

I am **almost never** late.　　　　　　　나는 늦은 적이 거의 없다.

almost와 함께 쓸 수 있는 동사

He **almost missed** his flight.　　　　　걔 비행기를 거의 놓칠 뻔 했어.

He **almost took** the wrong bus.　　　　걔 버스 잘못 탈 뻔 했어.

almost와 함께 쓸 수 있는 명사

Almost everyone in the class fell asleep. 반에 있는 사람들 거의 모두가 잠들었다.

Almost no one could remember. 거의 아무도 기억하지 못했다.

3 Ask, Ask to

대개의 경우 to가 필요 없다. 용법은 다음과 같다.

ask + 간접목적어 + 직접목적어
ask + 직접목적어 + to + 간접목적어

I **asked** my teacher a question. 나는 선생님께 질문을 했다.

I **asked** a question **to** my teacher. 나는 선생님께 질문을 했다.

ask to와 ask for는 부탁할 때도 쓰인다. 용법은 다음과 같다.

ask + 직접목적어 + to + 동사
ask + 직접목적어 + for + 명사

I **asked** my brother **to** help me. 나는 형에게 도와달라고 부탁했다.

I **asked** my brother **for** help. 나는 형에게 도와달라고 부탁했다.

4　Because, Because of

because + 명사 + 동사
because of + 명사

I cried **because** the movie was sad.　　영화가 슬퍼서 울었어.

I cried **because of** the movie.　　영화 때문에 울었어.

5　Can, Could, May, Might, Must, Should, Would

영어 조동사는 어떤 본동사와 같이 쓰이느냐에 따라 의미가 바뀐다. 여기서 다루는 조동사는 일상 대화를 할 때 가장 흔히 쓰이는 것들이다.

Can	능력, 가능성
Could	가능성
May	허락, 가능성
· Might	확률
Must	필요성
Should	도리
Would	잠정적

Can　～할 수 있다(능력)

can은 능력을 의미한다. could는 can의 과거형이다.

I **can** speak English.　　　　　　　　　나는 영어를 할 수 있다.

When I was young, I **could** speak English.　나는 어렸을 때 영어를 할 수 있었다.

can은 가능성도 의미한다.

Since the library is open 24 hours a day, 도서관은 24시간 개방되어서, 가고
I **can** go whenever I want to.　　　　　싶을 때마다 갈 수 있다.

Since the library was open 24 hours　　도서관은 24시간 개방되었기 때문에,
a day, I **could** go whenever I wanted to.　가고 싶을 때마다 갈 수도 있었다.

꼭 기억해야 할 것은 '할 수 있다/있었다'고 해서 실제로 한 것은 아니라는 점이다.

to be able to는 한국어로 번역이 안 된다. 현재형과 미래형에서는 be able to와
can이 다를 게 없다. 하지만 과거형에서는 can과 be able to에 차이가 가끔씩 있다.

He **could** run the fastest.　　　　　그는 제일 빨리 뛸 수 있었다.(하지만
　　　　　　　　　　　　　　　　실제로 제일 빨리 뛰었는지는 모른다).

He **was able to** run the fastest.　　그는 제일 빨리 뛸 수 있었다.(그리고
　　　　　　　　　　　　　　　　실제로 제일 빨리 뛰었다).

위에 있는 예문을 보면 could는 제일 빨리 뛸 수 있다는 능력만 표현한 것이다. was
able to는 '해냈다'는 의미이다. can과 be able to를 쓸 때 그 조동사들이 영어와 한국
어에서 습관적으로 어떻게 다르게 쓰이는지 주의해서 보자.

I **was able to** see many people by the　한강에서 많은 사람들을 볼 수 있었다.
Han River.

한국 사람들은 의미가 같아도 '봤다'보다 '볼 수 있었다'를 쓰는 걸 더 좋아한다. 영
어에서는 was able to see는 보는 능력을 강조한다. 그런데 위에 있는 예문에서 '볼
수 있었다'는 것은 능력으로 중요한 게 아니라 사람들이 많았다는 게 중요하다. 사람
의 수를 강조하고 싶으면 was able to를 빼라.

I **saw** many people by the Han River.　한강에서 많은 사람을 봤다.

Could ～ 할 수도 있다(가능성)

could가 can의 과거로도 쓰이지만, 현재시제 문장에서 could는 가능성을 의미한다. 이럴 경우 현재로 사용된 could의 과거형은 could have+과거분사이다.

| I **could** go to the party. | 파티에 갈 수도 있다. |
| I **could have** gone to the party. | 파티에 갈 수도 있었다. |

기억해야 할 것은 could는 가능성을 의미한다는 점이다. 첫 예문에서 말하는 사람은 그가 갈지 안 갈지 모른다. 두 번째 예문에서는 그는 파티에 안 갔다. 그는 갈 수 있다는 가능성만 주장했다.

can이나 could가 가능성을 의미하는지, 능력을 의미하는지 혼란스러울 수 있다. 사용된 문장의 맥락에 집중하는 것이 최고의 방법이다.

| A: **Can** you go to the movies? | A: 극장에 갈 수 있어? |
| B: Yes, I **can**. | B: 응, 갈 수 있어. |

May ～ 해도 되다(허락)

허락을 의미할 때 쓰인다. can도 허가를 원할 때 쓰이지만 can이 may보다 훨씬 더 비격식적으로 사용된다.

| **May** I use the restroom? | 화장실 써도 됩니까? |
| **Can** I use the restroom? | 화장실 써도 돼? |

may는 가능성도 의미한다. 할 수도 있다(가능성). may의 과거는 may have+과거분사이다.

| You **may** get hurt. | 너 다칠 수도 있어. |
| He **may have** gotten hurt. | 걔 다칠 수도 있었어(하지만 실제로 다쳤는지는 모른다). |

may have는 결과를 모르는 상태에서 가능성을 표현한다. 두 번째 예문에서는 말하는 사람이 he가 다쳤는지 안 다쳤는지 모른다. 결과를 아는 상태에서 가능성을 표현하고 싶을 때에는 could have를 쓰는 게 더 정확하다.

| He **could have** gotten hurt. | 걔 다칠 수도 있었어(하지만 안 다쳤다). |

Might   ~ 할지도 몰라(확률)

might의 확률은 50%이다. might의 과거는 might have+과거분사이다.

I **might** go to Japan.	나 일본에 갈지도 몰라.
He **might have** gone to Japan.	걔 일본에 갔을지도 몰라.

Must   ~ 해야 돼(필요성)

I **must** keep my promise.	난 내 약속을 지켜야 돼.

must의 과거는 must have+과거분사이다. 한국 학생들이 must와 must have에 대해서 헷갈려 하는 것은, 어느 상황에서는 must가 완전한 확신을 의미하는 것은 아니라는 걸 표현하고, must have는 어느 상황에서나 완전한 확신을 의미하지 않는다는 걸 표현한다는 사실이다.

A: Where's our team leader?	A: 팀장님 어디 계셔?
B: I don't know. He **must** be sick today.	B: 모르겠다. 오늘 편찮으신가 봐.
A: Where's your friend?	A: 네 친구 어디 있니?
B: I don't know. He **must have** gone to the convenience store.	B: 몰라. 편의점에 갔을 거야.

완전한 확신을 의미하고 싶으면 본동사를 써라.

A: Where's our team leader?	A: 팀장님 어디 계셔?
B: He's at home. He's sick today.	B: 댁에 계셔. 오늘 몸이 안 좋으셔.
A: Where's your friend?	A: 네 친구 어디 있니?
B: He **went** to the convenience store.	B: 걔 편의점에 갔어.

must와 have to는 작은 차이가 있다. must는 꼭 해야 한다는 생각을 자신이 느껴서 하는 것이고, have to는 할 수 없이 꼭 해야 하는 것이다. need to는 두 상황에 다 쓸 수 있다.

I **must** study.	(자신이 성공하고 싶어서) 공부해야 돼.
I **have to** study.	(엄마가 와 내일까지 봬) 공부해야 돼.
I **need to** study.	(내일 시험이 있으니까) 공부해야 돼.

일반 대화에서는 must를 잘 안 쓴다. 습관적으로 그런 것도 있지만 대부분 꼭 해야 하는 것은 할 수 없이 하는 경우가 많기 때문이다.

부정형 must not과 don't have to는 차이가 있다. must not은 '절대 하면 안 된다'라는 뜻이고, don't have to는 '안 해도 된다'는 뜻이다.

You **must not** text while driving.*	운전하면서 문자 메시지를 써서는 안 된다.
A: I got you a birthday gift.	A: 네 생일 선물을 샀어.
B: Oh! You **didn't have to** do that! Thanks!	B: 어머! 안 그래도 됐는데! 고마워!

*must처럼 must not도 일반 대화에서 잘 쓰지 않는다. Must not 대신 should not을 더 많이 쓴다.

You **should not** text while driving.	운전하면서 문자 메시지를 써서는 안 된다.

Should   ~ 하는 게 좋겠다(도리)

should의 과거는 should have+과거분사이다. should는 의무를 의미한다고 다들 배우지만 도리를 의미한다고 생각하는 게 더 정확할 것이다. should가 must보다 훨씬 더 약한 표현이라는 것을 꼭 기억하라. should는 도리와 책무를 의미한다.

should와 must/have to의 차이를 이해하기 어려우면 이 시나리오를 생각해보라. 다른 사람의 집에 손님으로 갔을 때 집주인이 차려준 음식을 먹어야 되는 이유에는 should를 써야 한다. 먹는 게 예의에 맞기 때문이다. don't have to는 먹지 않으면 굶어죽는 상황이 아닐 때 쓴다. 도리와 책무 때문에 하는 것은 좋지만, 그래도 선택을 할 수 있다. 할 필요성이 있다면 선택지도 없다.

should를 현재형인지 과거형인지 구분할 수 있는 것은, 후회의 느낌이 드는지 안 드는지에 달려 있다.

I **should** go home.	난 집에 가는 것이 좋겠다.
I **should have** gone home.	내가 집에 갔어야 했는데.

두 예문은 긴박한 상황을 묘사하고 있지 않다. 첫 예문에서는 말하는 사람이 통행금지령이 있는 것도 아니고 몸이 아픈 것도 아니다. 단순히 집에 가는 게 좋겠다고 생각한다. 두 번째 예문에서는 집에 가지 않은 것에 대한 후회를 표현한다.

be supposed to와 should를 많이 헷갈려 한다. 한국어로는 똑같이 번역되기 때문이다. 하지만 세 가지 차이점이 있다. 첫 번째 차이는, 개인 의견에는 should를 사용하고 일반적인 사실에는(예를 들어 사회의 규칙) be supposed to를 사용한다는 점이다.

You **should** talk with your kids often.	아이와 자주 대화하는 것이 좋다.
You're **supposed to** take care of your kids.	자기 아이를 돌보는 것이 당연하다.

두 번째 차이는 어디로부터 사명감이 오는지에 있다. 아래의 첫 번째 예문에서는 화자가 자기 스스로 공부할 사명감을 느끼는 것이고, 두 번째 예문에서는 아마도 엄마가 화자에게 억지로 공부를 시킨 것 같은 분위기가 있다.

I **should** study tonight.	난 오늘밤에 공부하는 것이 좋겠다.
I'm **supposed to** study tonight.	오늘밤에 공부하긴 해야 되는데.

세 번째 차이는 어떤 일이 일어날 듯한 확률이 얼마나 높은지에 있다. 위에 있는 첫 번째 예문의 화자가 두 번째 예문의 화자보다 공부할 확률이 높다. 두 번째 예문의 화자는 오늘밤 아마도 공부를 안 할 것이다.

supposed to는 항상 그렇지는 않지만 습관적으로 but과 함께 쓴다.

I **should**n't smoke here.	여기서 담배 피우면 안되는데
I'm not **supposed to** smoke here, **but** I will anyway.	난 여기서 담배 피우면 안 되지만, 어쨌든 피울거야.

첫 예문의 화자가 담배를 피울지 아닐지는 확실하지 않다. 그는 그것이 규칙에 반한다는 것은 알지만 규칙을 따를 것이라는 보장은 할 수 없기 때문이다. 두 번째 예문에서는 화자가 그곳이 금연구역이라는 것을 알면서도 담배를 피울 것이라는 것을 알 수 있다.

should have와 was supposed to 사이에도 차이가 있다. should have는 어떤 일을 하지 않아 후회를 할 때 쓰지만 was supposed to는 그런 감정이 없고 단순히 예정했던 대로 했을 때 쓰는 말이다.

I **should have** called my parents.	부모님한테 진화글 트꼇이야 했는데.

| I **was supposed to** call my parents, but I forgot. | 부모님한테 전화를 드리기로 했는데, 깜빡 잊었다. |

Would ~ 겠다, ~ 할 텐데(잠정적)

would는 용법이 많으며 여기서는 한국 학생들이 제일 헷갈려 하는 것을 설명한다. 제일 흔하게 쓰이는 would의 용법은 과거 시점에서 미래에 대해 말할 때이다.

| A: I knew that **would** happen! | A: 그렇게 될 줄 알았어! |
| B: Get off my back! I said I **would** do it! | B: 잔소리 좀 그만해! 내가 한다고 그랬잖아! |

다른 용법 하나는 일어날 확률이 적은 상황에 가능한 결과를 표현할 때이다.

| If I had a lot of money, I **would** travel the world. | 내게 돈이 많이 있으면 세계 여행을 할 텐데(사실은 못한다). |
| If you had listened to me, we **would have** been rich! | 네가 내 말을 들었으면, 우리는 부자가 됐을 텐데(사실은 부자가 아니다)! |

if는 상황을 의미할 때 would와 같이 쓴다. 문장에서 두 동사의 시제를 자세히 보라. if + had, would travel은 현재형이고, if + had listened, would have been은 과거형이다.

would는 지금 불가능한 것을 원할 때에도 쓴다.

| I **would** love to go to New York. | 난 뉴욕에 갔으면 좋겠다. |

위에 있는 예문에서 말하는 사람이 would를 쓴 이유는 그 사람이 뉴욕에 가는 것이 불가능하기 때문이다. I want to go와 I would love to go의 차이는 '가고 싶다'와 '갔으면 좋겠다'의 차이와 똑같다.

6   For a while

'짧은 시간'이라는 의미로 잘못 쓰이곤 한다.

Please wait **for a while**.   오래 기다려주세요.

표면적 의미는 '짧은 시간'이지만, 함축된 의미는 반대다.

He has been gone **for a while**. I hope   그가 간 지 꽤 오래됐는데 괜찮은지
he's okay.   모르겠다.

➡ chapter 1, 33번 참고.

7   I and my friends

주어+ I
me + 목적어

My friends and I live together.   나와 친구들은 같이 살아.

The professor scolded **me and my**   교수님이 나와 친구들을 꾸짖었다.
friends.

One time two weeks

두 번 다시 틀리면 용서가 안 되는 실수들이 있다.

Once a day	하루에 한 번
Twice a week	일주일에 두 번
Three times a month	한 달에 세 번
Once every two years*	2년에 한 번
Twice every three decades	30년에 두 번
Three times every four centuries	400년에 세 번

biweekly와 twice a week를 혼동하지 마라.

My department has a **biweekly** meeting.	우리 부서는 2주에 한 번씩 회의를 한다.
I go to hagwon **twice a week**.	나는 일주일에 두 번씩 학원에 간다.

*once every other year도 같은 뜻이다.

9 Someone, Anyone

someone은 신분을 밝히지 않은 사람을 말한다. 주의할 것은 someone이라고 하면 오직 한 사람만을 말한다는 사실이다.

Someone is looking for you.　　　　누가 너를 찾고 있어.

I know **someone** who speaks Chinese.　　　중국어를 할 줄 아는 사람을 한 명 알아.

첫 번째 예문에서는, 화자는 someone이 누군지 모른다. 두 번째 예문에서는, 화자는 someone이 누구인지 알지만 일부러 정체를 밝히지 않고 있다.

anyone은 질문이나 부정문에서 특정인을 언급하지 않을 때 쓰인다.

Does **anyone** want coffee?　　　　커피 마시고 싶은 사람?

I don't know **anyone** in Busan.　　　　부산에 아는 사람이 아무도 없다.

첫 번째 예문에서는 특정인에게 하는 질문이 아니라 같이 있는 모두에게 물어본 것이다. 두 번째 예문은 부정문이므로 anyone을 사용한 것이다. 하지만 규칙에는 항상 예외가 있다. 긍정문에서 anyone은 '아무나'라고 번역된다.

If you want to know, ask **anyone**.　　　　알고 싶으면 아무한테나 물어봐.

If you want to know, ask **someone**.　　　　알고 싶으면 누군가에게 물어봐.

10 Too, Too much, Too many

한국 사람이 듣기에는 다 비슷하지만 영어 원어민에게는 부적절하게 사용할 경우 매우 귀에 거슬리는 표현들이다.

too는 부사이고 형용사 앞에 쓰인다.

Some celebrities are **too** thin. 어떤 연예인들은 너무 말랐다.

too much는 형용사로도 쓰이고 부사로도 쓰인다. 형용사일 때는 불가산 명사만 꾸미고 항상 명사 앞에 쓰인다. 동사를 꾸미는 부사일 때는 동사 뒤에 쓰인다.

College students drink **too much** alcohol. 대학생들은 술을 너무 많이 마신다.

Americans eat **too much**. 미국 사람들은 너무 많이 먹는다.

too many는 가산 명사를 꾸미는 형용사이다. 왼쪽에 있는 예문은 틀렸다. 왜냐하면 water는 셀 수 없는 명사이기 때문이다. 하지만 오른쪽 예문의 books는 셀 수 있다.

I have too many water in my glass.(X) → I have too **much** water in my glass.
    잔에 물이 너무 많다.

I have too much books on the bookshelf.(X) → I have too **many** books on the bookshelf.
    책장에 책이 너무 많다.

→ chapter 3, 87번 / chapter 6, 9번 참고.

11 Too long time, How long time

모두 time만 빼면 자연스러운 표현이 된다.

I've been waiting for **too long**; I'm going home!	나 너무 오래 기다렸어! 집에 간다!
How long have you been waiting?	너 얼마나 기다렸니?
How long does it take to get to Busan?	부산 가는 데 얼마나 걸려?

too나 how가 없는 다음과 같은 경우에는 for a long time을 쓸 수 있다.

My family has been living in Seoul **for a long time**.	우리 가족은 서울에 오래 살았다.

12 Very, So, Too

세 단어 모두 부사이고 의미도 같지만 쓰이는 상황이 다르다. 일반적으로는 very를 제일 자주 쓴다.

Motorcycles are **very** dangerous.	오토바이는 아주 위험하다.
I was **very** happy when I heard the news.	그 소식을 들었을 때 나는 매우 기뻤다.

꼭 기억할 것은 very는 형용사만 꾸미는 부사라는 것이다. 이런 이유로 I very cried는 틀린 표현이다.

I cried **very much**.	나는 많이 울었다.
I cried **a lot**.	나는 많이 울었다.

두 문장 모두 맞고 의미도 같지만 한 가지 차이는 a lot이 훨씬 더 구어적인 표현이라는 점이다. a lot은 대화에 자주 쓰이는 말이다. 그것은 꾸미는 단어의 품사에 따라 용법이 바뀐다.

I cook **a lot**.	나는 요리를 많이 해.
I cook **a lot of** Chinese food.	나는 중국 요리를 많이 해.

첫 번째 예문에서는 a lot이 동사(cook)를 꾸미는 부사이다. 두 번째 예문에서는 명사(food)를 꾸미는 형용사이다. 이 패턴들을 기억해 두자.

동사 + a lot / a lot of + 명사.

so를 사용할 때는 that 다음에 그 이유를 설명해야 한다.

Sex is **so** taboo in Korea **that** no one talks about it.	한국에서는 성이 너무 금기시된 것이라서 아무도 그 얘기를 하지 않는다.
My dog was **so** excited **that** he started spinning in circles.	나의 개가 너무 흥분해서 빙글빙글 돌기 시작했다.

미국 사람들은 대화할 때 강조를 하기 위해 so를 쓴다.

Oh my God! This puppy is **so** cute!	어머! 이 강아지 너무 귀엽다!
Wow! He's **so** handsome!	와! 그 사람 너무 잘생겼다!

very와 so는 격식과 감정의 차이를 가진다.

I love you **very** much.	난 너를 매우 사랑해.
I love you **so** much!	난 너를 많이 사랑해!

첫 번째 예문에서 very는 격식 있는 표현이므로 작문할 때 쓰는 것이 더 어울린다.
두 번째 예문에서 so는 대화할 때 열정적으로 사랑을 고백하기 위해 사용된 것이다.

too는 항상 부정적 느낌을 가지고 있다. too는 부정적 방향으로 수식할 때 사용된다.
긍정적으로 수식하고자 할 때는 very나 so를 사용해야 한다.

I'm **too** tired to go shopping.	나 쇼핑하기 너무 피곤해.
She's **too** moody for him.	그녀는 저 남자와 사귀기에는 감정 기복이 심하다.

Chapter 6

원어민
강사의
제안

틀린 것도 아니고 상대도 알아듣긴 하지만 불필요하게 복잡한 표현들도 더러 있다. 더 간단하고 자연스런 표현법들을 익혀두자.

1 Arrive 보다는 Here

미국 사람들은 I've arrived 대신 I'm here를 쓴다.

A: Hey, **I'm here.**

A: 야, 나 도착했어.

B: Okay, I'll be down in a sec.*

B: 알았어, 금방 내려갈게.

위에 있는 예문은 방금 있었던 일을 말하기 위해 현재형을 쓴다. 과거나 미래에 대해서 말할 때는 get를 쓴다.

What time did you **get here**?

너 몇 시에 도착했어?

What time are you going to **get there**?

너 거기에 몇 시에 도착할 거야?

leave는 '출발하다'와 같은 의미로 대화할 때 쓴다.

A: When are you going to **leave**?

A: 너 언제 출발할 거야?

B: As soon as I finish the movie.

B: 영화 끝나자마자.

I just **left.**

나 방금 출발했어.

*sec은 second를 줄여 쓴 것이며 일상적인 대화에서만 쓴다.

2 By car 대신 Drive

틀린 표현은 아니지만, 동사를 쓰는 것이 훨씬 더 간단하다.

I came to this academy on foot.   →   I **walked** here.

I went to the grocery store by car.   →   I **drove** to the grocery store.

I go to my company by subway.	→	I **take** the subway to work. *
I went to Osaka by plane.	→	I **flew** to Osaka.

*take와 get on을 많이 헷갈려 하는 이유는 둘 다 '타다'로 번역되기 때문이다. 하지만 get처럼 get on은 기차를 타는 '순간'만을 의미하는 것이다(승차). 목적지에 도착하면 기차에서 get off한다(하차). take는 일반적인 의미로 사용된다.

→ chapter 2, 4번 참고.

I couldn't **get on** the train because there were too many people.	열차에 사람이 너무 많아서 못 탔어.
I couldn't **take** the subway because there was an accident.	사고가 나서 지하철을 못 탔어.

3 College와 University

college와 university는 미국 영어에서는 차이가 없다. 아래에 대학교와 관련되어 흔히 쓰이는 표현들을 소개한다.

I **got into** college.	나 대학교에 입학했어.
I am **in** college.	나 대학생이야.
I **go to** college.	나 대학교에 다니고 있어.
I am a **first-year student** in college. *	나 대학교 1학년이야.
I am a **freshman** in college. **	나 대학교 1학년이야.
I **graduated from** college. ***	나 대학교 졸업했어.

*한국 학생들은 고등학교를 3년 동안 다니므로 first-, second-, third-year라고 하는 것이 제일 편리하다.
**미국에서는 sophomore(2학년), junior(3학년), and senior(4학년)도 고등학생에 해당된다.
***graduate 뒤에 목적어가 있을 때에는 전치사 from이 필요하다.

<table>
<tr><td>4</td><td>

Delicious는 너무 과한 표현이다

</td></tr>
</table>

한국 사람들은 뭐든지 맛있으면 delicious라고 하는데, 훌륭한 요리사가 요리를 해주었거나 음식이 아주 맛있을 때가 아닌 경우에는 적당하지 않다. 맛있으면 간단히 **good**이라고 하면 충분하다.

<table>
<tr><td>5</td><td>

Do you know kimchi?

</td></tr>
</table>

이 질문에 문법 오류는 없지만 원어민이 듣기에는 완성된 질문이 아니다. 아래에 있는 예문처럼 질문을 하는 게 자연스럽다.

Do you know **what** kimchi **is**?*   김치가 무엇인지 아세요?

Do you know **who** Psy **is**?   싸이가 누구인지 아세요?

Do you know **where** Busan **is**?   부산이 어디에 있는지 아세요?

*사실 미국 사람들 가운데는 김치가 뭔지도 알고 즐겨 먹는 사람도 많다. 그러니 한국에서 사는 외국 사람을 만날 때에는 이 질문은 하지 않는 것이 좋다.

6 Gangwon Province 말고 Gangwon-do

이 경우에는 한국말을 영어로 바꾸려는 자체에 문제가 있다고 볼 수 있다. 특히, 랜드마크나 사람의 이름을 영어로 바꿀 때 이런 문제가 생긴다. 영어 어법에 근거한 일반적인 지침들은 다음과 같다.

'강원도'를 Gangwon Province로 바꿔 쓸 필요가 없다. Gangwon-do라고 하는 게 낫다. 왜냐하면 영어권 사람들은 province나 state를 이름에 붙여 말하지 않기 때문이다. 대부분의 경우 간단히 이름만 부른다.

My hometown is Gyeonggi-**do**.	내 고향은 경기도야.
I'm from North Gyeongsang-**do**.	내 고향은 경상도야.
I grew up in **Georgia**.	나 조지아 주에서 컸어.

랜드마크의 경우는 다음과 같이 쓰라.

Mt. Baekdu*	백두산	The Han **River**	한강
Jeju-**do**	제주도	**Lake** Andong	안동호수
Gotjawal **Forest**	곳자왈숲		

*Mt는 '마운트(mount)'로 발음한다.

사람 이름의 경우, 한국에서는 성, 이름의 순서로 부른다.
한국에서 마이클 잭슨을 한국의 전통에 맞춰 '잭슨 마이클'이라고 고쳐 부르지 않는 것처럼, 한국 사람의 이름 순서를 바꿀 이유도 없다.

Ban Ki-moon	반기문
Michael Jackson	마이클 잭슨

7 Have responsibility 대신 Responsible

될 수 있으면 목적어보다는 차라리 형용사를 넣어서 문장을 만들라. 쉽게 사용할 수 있는 형용사가 있는 상황에서 목적어를 굳이 찾아 쓸 필요가 없다. 목적어를 고집하면 그 목적어에 맞는 동사를 또 찾아야 해서 복잡해지지만, 형용사를 사용하면 그 형용사 앞에 be 동사만 붙이면 된다.

'~가 있다'는 표현을 번역할 때 특히 유용하다. have~를 사용하는 문장을 만드는 것보다 먼저 같은 효과를 낼 수 있는 형용사가 있는지부터 찾아보라.

have responsibility	→	responsible
have stress	→	stressed out
have confidence	→	confident
have interest	→	interested in

8 I am a person who…는 너무 길다

강조할 때 가끔씩 쓰는 표현이지만, 불필요하게 장황할 수 있다. 오른쪽에 있는 예문이 똑같은 의미를 간결하게 쓰는 방법이다.

I am a person who is competitive. → I **am** competitive.
(나는 경쟁심이 강해.)

9 Many, Much, Few, Little이 헷갈린다면 A lot of

영어를 공부하는 학생들은 many, much, few, little을 언제 어떻게 써야 할지 헷갈리는 경우가 많다. 차라리 대화할 때는 many와 much를 a lot of로 바꾸는 게 훨씬 더 편리할 것이다.

I have many friends.	→	I have **a lot of** friends.
He has much money.	→	He has **a lot of** money.

few(many의 반대말)와 little(much의 반대말) 대신 not a lot을 사용하는 게 더 낫다.

I have few friends.	→	I don't have **a lot of** friends.
I've been there a few times.	→	I haven't been there **a lot**.
He has little money.	→	He doesn't have **a lot of** money.
He did little about the problem.	→	He didn't do **a lot** about the problem.

→ chapter 3, 87번 / chapter 5, 10번 참고.

10 SNS? Social media?

미국 사람들은 social media라고 말하는 걸 더 좋아한다.

Are you **on social media?**   너 SNS 하니?

11   So-so는 이제 식상하다

틀린 표현은 아니지만 미국 사람들은 습관적으로 It was okay라고 한다.

A: How was your weekend?

B: **It was okay.**

A: 주말 잘 보냈니?

B: 그냥 그랬어.

12   Ugly는 너무 심한 말이다

'못생기다'를 ugly로 번역한다는 것은 영어권 사람들이 ugly라는 단어에 대해서 얼마나 예민한지 모른다는 것이다. '못생기다'는 사실에 입각한 말이지만 ugly는 비판적으로 들린다. 왜냐하면 ugly는 외모만을 대상으로 하는 단어가 아니기 때문이다. 그러므로 완곡하게 말하는 편이 낫다. ugly를 완곡하게 말할 수 있는 법은 오른쪽 세로 단을 보라.

She is ugly.   →   She's **not pretty.**

She's **unattractive.**

She's **not the prettiest woman in the world.**[*]

She **has a great personality.**[**]

He is ugly.   →   He's **not good-looking.**

He's **unattractive.**

He's **not the best looking guy in the world.**

*'더 예쁜 사람들이 많지'와 비슷한 뜻이다.
**'그 사람 착해'라고 말하면 '못생겼다'는 의미로 알아듣는 것처럼 이 표현도
똑같이 우회적이다. ➡ chapter 2, 10번 참고.

13 Use the Internet 대신 Go online

미국 사람들은 use the Internet 대신 go online이라고 말한다.

The power went out so I can't **go online**.　전기가 나가서 인터넷을 못 쓴다.

She buys all her clothes **online**.　　　그녀는 옷을 다 인터넷에서 산다.

14 One thousand five hundred, Fifteen-hundred

대화할 때 one thousand five hundred로 읽기에는 너무 길다. 미국 사람들은 fifteen-hundred라고 흔히 읽는다. 하지만 10만 이상의 숫자를 읽을 때는 규칙이 바뀐다. 예를 들어 50,200,000을 fifty point two million(50.2million)으로 읽는다.

The current population of South Korea is **fifty point two** million.　　대한민국의 현재 인구는 5천 20만 명이다.

In 2013 South Korea's GDP was **one point three** trillion dollars.　　2013년에 대한민국의 GDP는 13억 달러였다.

1.5나 1.25와 같은 정수가 아닌 작은 숫자를 읽을 때에는 규칙이 애매하다. 다시 말하면, 고정된 규칙이 없고, 오직 개인 습관에 따른다. 아래에 있는 예시는 미국 사람들이 흔히 쓰는 용법에 근거하고 있다.

일반 대화에서는 1.5를 거의 항상 one and a half로 읽는다.

A: How much did you drink?   A: 술 얼마나 마셨어?

B: **One and a half** bottles of soju.   B: 소주 한 병 반.

1.25는 one and a quarter 또는 one point two five로 읽을 수 있다.

It's **one and a quarter** kilometers   여기서 1.25킬로미터야.
from here.

It's **one point two five** kilometers   여기서 1.25킬로미터야.
from here.

1.75도 읽을 수 있는 두 가지 방법이 있다.

I need **one and three quarter** liters of   나 간장 1.75리터가 필요해.
soy sauce.

I need **one point seven five** liters of   나 간장 1.75리터가 필요해.
soy sauce.

4분의 1이나 4분의 3 등 분수에 관련해서는 한국 사람의 상식이 원어민의 원칙에 항상 적용되지는 않는다. 분수나 소수를 읽는 것에는 영어로 말할 때 예외가 있다. 그러므로 어느 방식이 더 자연스러운지 결정하는 것은 말하는 사람에 달려 있다. 가장 좋은 방법은 영어 원어민들이 말하는 것을 자세히 듣는 것이다.

15
8 am 보다는
8 in the morning

틀린 표현은 아니지만 일상적인 대화체도 아니다. 미국 사람들은 이렇게 표현한다.

8 am	→	**8 in the morning**	아침 8시
2 pm	→	**2 in the afternoon**	오후 2시
7 pm	→	**7 in the evening**	저녁 7시
10 pm	→	**10 at night**	밤 10시
3 am	→	**3 in the morning**	새벽 3시
12 pm	→	**Noon**	정오
12 am	→	**Midnight**	자정

Early morning	아침
Late morning	오전
Early afternoon	오후
Late afternoon	늦은 오후
Early evening	초저녁
Late evening	늦은 저녁
Night	밤
Late night	늦은 밤

early morning 이하의 시간 표현법들은 딱 정해진 시간을 지칭하는 것이 아니다. 사람마다 기준이 조금씩 다를 수도 있다.

Common Mistakes

초판 1쇄 인쇄 | 2017년 3월 20일
초판 1쇄 발행 | 2017년 3월 25일

지은이 | 이호상

발행인 | 한정희
발행처 | 종이와나무
총괄이사 | 김환기
편집부 | 김지선 나지은 박수진 문성연 유지혜
관리 영업부 | 김선규 하재일 유인순
출판신고 | 2015년 12월 21일 제406-2007-000158호
주소 | 경기도 파주시 회동길 445-1 경인빌딩 B동 4층
전화 | 031-955-9300 팩스 | 031-955-9310
홈페이지 | http://www.kyunginp.co.kr
이메일 | kyungin@kyunginp.co.kr

ISBN | 979-11-957602-8-2 03740
값 | 12,000원

종이와나무는 경인문화사의 자매 브랜드입니다.